勉強も人生も成功する

考え方こそ最強の勉強法

「考え方」を変えて「勉強力」を上げる!

塾講師ヒラ

かや書房

はじめに

はじめまして、塾講師ヒラと申します。

私は、小中高生を対象に塾講師をしています。

私が運営する**YouTubeチャンネル『塾講師ヒラ』では、成績や偏差値を上げるための勉強法を紹介しています。チャンネル登録者数は現在20万人を超え、**ブログやX（旧Twitter）でも勉強に関する情報を発信中です。

18歳から塾講師としてキャリアをスタートし、10年以上にわたり約1000人の生徒を直接指導してきました。現在も、全国の小中高生約100人を1人で指導しています。毎年、多くの生徒が偏差値70を超え、また学校の定期テストで平均点95点を達成するなど、高い成果を上げています。

現在では生徒の成績や偏差値を劇的に向上させるのは当たり前になっていますが、最初からそんな成果が出せたわけではありませんでした。

私はもともと勉強が苦手で、「どうすれば勉強で成果を出せるか」なんてまったくわかりませんでした。

高校受験では志望校のレベルを下げたにもかかわらず、不合格になりました。

また、大学受験では5校の大学を受験しましたが、合格したのは滑り止めの1校だけでした。このように、学生時代は勉強において失敗ばかりでした。

塾講師としてのキャリアをスタートさせた当初、本気で教えた生徒が志望校に合格できず、「先生、すみません。結果を出せませんでした」と泣かせてしまったこともあります。

これらの経験から私は、「もうこんな思いはたくさんだ。勉強しまくって最高の勉強法をつくり出してやる」と決心したのです。こうして私の勉強法の研究が始まりました。

10年ほどかかりましたが、ようやく形になるものができました。

この**勉強法を「より多くの人に伝えたい」「生徒の勉強人生を変えたい」という理念**のもと、2020年にYouTubeチャンネルを始めました。

何も知らない素人状態で立ち上げましたが、現在では大勢の方にチャンネル登録していただいています。YouTubeのおかげで、何万人もの視聴者の方々とつながることができました。

「偏差値が急激に伸びました」
「第1志望校に合格しました」
「先生のおかげで人生が変わりました」

このような非常にうれしいコメントをたくさんいただいています。

私には **「勉強するすべての人の勉強人生を変えたい」** という強い思いがあります。

「勉強人生」という言葉は、私がつくったもので、人生の中で勉強に関する活動や経験を指します。例えば、問題集に取り組んだり、学力を向上させたり、試験で成果を上げたりすることが含まれます。

この言葉は、勉強を通じて人生で成長する過程を表現しています。

私が本書を書く決意をした理由は、勉強する人の勉強人生を変えるためです。

本にはたくさんの情報を詰め込めますが、ＹｏｕＴｕｂｅではその情報量に限界があります。「なるべく手軽に情報収集したい」というニーズが強いからです。一方で本ではより多く、より濃い情報を届けられます。

また、テクニックやハウツーを紹介する勉強法の本はたくさんありますが、「勉強の考え方」に関する本はほとんどありません。もちろん本書でも勉強法やテクニックなども紹介しますが、私が真に伝えたいのは「勉強の考え方」です。

「勉強の考え方」が変われば、勉強人生も間違いなく変わります。

私は自分の勉強人生をそうやって変えてきましたし、今も生徒たちの勉強人生を変え続けています。

本書を通じて、あなたの「勉強の考え方」を根本から見直していきます。

ぜひ一つ一つをじっくり吸収し、勉強人生を劇的に変えてください。

私は「この1冊で勉強人生を変えられる」と心から思っています。

あなたの勉強人生を変えられたら、私にとってこれに勝る幸せはありません。

本書を通じて得られることは、大きく分けて2つあります。

- **勉強の考え方が変わる**
- **勉強人生が変わる**

多くの人は、勉強法やテクニックといった「外面」ばかり気にしますが、本当に重要なのは「内面」にある「勉強の考え方」です。

本書では、その「勉強の考え方」を変える方法に焦点を当てます。

そうすることで、これまでの勉強人生も大きく変わるでしょう。

さらに「勉強の考え方」を変えることで、次のような成果を出すことも可能です。

- **資格試験、検定試験合格**
- **第1志望校合格**
- **内申点オール5**
- **偏差値70超え**
- **学年順位1位獲得**
- **TOIEC高得点獲得**

本書で解説する**「勉強の考え方」は、私自身や生徒、何万人もの視聴者が実践してきたものです。**

勉強に対する考え方を少し変えるだけで、大きな成果を得られることを保証します。誰にでも役立つ内容になっていますので、どうぞ安心して参考にしてください。

本書は、私のYouTubeチャンネルを通じて社会人の方々から寄せられた書籍化のリクエストに応じて作成しました。

ただし、私のチャンネルでは主に小中高生向けの勉強法を解説しています。

そのため、**本書には社会人に加えて、小中高生やその保護者の方々にも役立つ情報がたくさん含まれています。**

本書では、「勉強の考え方」を変えたい読者が実践しやすいように、時間軸に沿った章立てを工夫しました。

順を追って読むことで、勉強の流れがつかめる構成になっています。

また、各章の最後には「宿題」を用意しています。

これは、各章で学んだ勉強の考え方を実践するための内容です。

解説を理解し、宿題に取り組むことで、あなたの「勉強の考え方」が劇的に変わるでしょう。

中には難しい宿題もありますが、自分を変え、結果を出すためにぜひ挑戦してみてください。

本書は「読者の勉強人生を変える」という決意のもと、塾講師人生のすべてを注いで書き上げました。

「考え方こそ最強の勉強法」です。

ぜひ最後までお付き合いください。

勉強も人生も成功する　考え方こそ最強の勉強法

◆目次

第1章

結果を出す「目標設定」と「時間管理」

Study Method

目標の考え方

絶対に達成したい「本物の目標」を持つ

「目標」を持つことが成功への第一歩

第1章では「目標の考え方」と「時間の考え方」について解説します。

勉強をマラソンに例えると、「目標」はゴール、時間は「ペース」に当てはまります。

勉強をやり抜いて結果を出すためには、「目標」と「時間」が重要な基礎となりますので、ぜひ気合を入れて読み進めてください。

まずは**「目標の考え方」**から始めます。ここで質問です。
「あなたはなぜ、本書を読もうと思いましたか？」

「成績を上げたいから」

「勉強法を見直したいから」

「試験にどうしても合格したいから」


理由はさまざまでしょうが、共通するのは「勉強で結果を出したい」という気持ちだと思います。

この気持ちを持つことで、目標を達成するためのモチベーションが生まれます。おそらく、あなたが「なぜ勉強するのか？」と聞かれたら、**「勉強で結果を出し、目標を達成するため」**と答えるでしょう。

結果と目標は密接に結び付いています。

結果を出すには目標が必要です。

私は本書を通じて、あなたに勉強で成功してほしいと強く思っています。
そのためには、あなたに「強烈な目標」を持ってもらいたいのです。
目標とは、燃え盛る炎のような熱い情熱の塊《かたまり》でなければなりません。
自分の内面が、グツグツと沸騰するマグマのように感じる状態です。
あなたにはそのような目標がありますか？

目標を持つことが、結果が出る成功への第一歩です。

まずは自分の目標と向き合ってみてください。
そして、一旦本書から目を離して、自分の心に問いかけてみましょう。

「自分の目標は何だろう？」

「その目標を本当に達成したいのか？」

自問自答を繰り返すことで人生は変わります。
この積み重ねで、自分の考え方が変わり、次に行動が変わるのです。
私はこうして自分の人生を変えてきました。

「なぜ勉強で結果を出したいのか？」

「どうしてこんなにも勉強するのか？」

「どうすれば目標を達成できるのか？」


私は自分を疑い続け、自問自答してきました。

そうすることで「本当に自分がしたいこと」に気づいたのです。

塾講師を務める現在であれば、「生徒に勉強で結果を出させる」という目標にたどり着きました。


目標が完全に固定化されたので、勉強するのが当たり前になりました。

やる気に左右されずに、日々勉強に取り組んでいます。

自分と向き合い、本当の目標が定まると、自分の行動は激変します。

もう一度お聞きします。

あなたの目標は何ですか？

≫「目標は達成する」という考え方

目標が決まったら、次の重要な考え方を持ってください。

●目標は達成するためにある

あなたが決めた目標は達成するためにあります。

なんとしてでも実現しなければいけません。

おそらく誰も言わないので厳しいことを言わせていただくと、大抵の人は目標への考え方が甘すぎます。「本当に達成する気はあるのか?」と思ってしまうほどです。

私は1000人以上の生徒を指導してきましたが、その中で目標を紙に書いてもらったり、言ってもらったりすることがあります。


「次のテストで90点以上を取る」

「模試でA判定を取る」

「学年1位になる」

「偏差値70を超える」


実にたくさんの目標が飛び出します。

重要なのは「目標は達成するためにある」という考え方です。

この考え方を理解している生徒は非常に少ないのです。

99％の生徒は目標を書いただけ、言っただけで満足してしまいます。「目標は達成するためにある」という考え方が根底になく、行動がそこでストップするのです。

しかし1％の生徒は違います。その目標を本気で達成しようとします。**「目標を書いた、言ったのだから絶対に達成してやる」**と考えます。この考え方をわしづかみにして、絶対に離そうとしません。

先ほど、あなたに目標を考えていただきました。

しかし、実際に目標を考えた方は、おそらく1〜2割ほどではないでしょうか。たくさんの生徒を見てきた経験から、このくらいの割合が一般的だと感じています。

これは決して責めているわけではなく、「多くの人はすぐには行動に移さない」という事実を知っておいてほしいのです。

本書をここまで読んで、何か一歩を踏み出せたでしょうか？

目標を決めてみましたか？

せっかく貴重な時間やお金を使って本書を手に取ってくれたのですから、読むだけで終わらせず、ぜひ行動につなげていただければと思います。

目標を決めるのは、難しいことではありません。まずは一歩踏み出してみましょう。

そして、「目標は達成するためにある」という考え方を持ってください。

今この瞬間に、この「目標の考え方」をガチガチに固めましょう。

「目的」を具体化して勉強力アップ

目標は勉強において重要な役割を果たします。

目標は勉強をして目指すゴールや、勉強を続けるために必須のモチベーションとなるからです。

勉強を成功させるためには、まず**「どうなりたいか」という「目標」を明確にする**こ

目標を決める！

目標を持つことが成功への第一歩

勉強で結果を
出すためには、
目標を持つことが
成功への第一歩になる。

目標を具体的に設定する

目標を具体的に
設定すると、
勉強の内容が明確になり、
計画も立てやすくなる。

「目標は達成させる」という意志を持つ

「目標は達成させる」
という強い意志が
目標に向かって前進する
原動力になる。

とが大切です。

例えば、大学受験生なら「志望校に合格する」「英語で高得点を取る」といったイメージをすることで、勉強に対する意欲が増します。

社会人なら「資格試験に合格して昇進する」「新しいスキルを身につけてキャリアアップする」などと自分のなりたい姿をイメージしましょう。

次に、**「何のために」勉強するのか、「目的」をはっきりさせる**ことも重要です。

社会人であれば「プロジェクトマネージャーの資格を取得して昇進したい」「簿記の資格を取って仕事の幅を広げたい」といった具体的な目的があれば、勉強する目的が明確になり、続けやすくなります。

また、目標設定の具体性もポイントです。「何か資格を取得したい」という曖昧《あいまい》な目標ではなく、「来年の資格試験で○○点以上を目指す」といった具体的な目標を立てることで、勉強計画が立てやすくなります。

例えば、ＩＴ資格の試験で「次回の試験で合格ラインに達する」という具体的な目標を設定すれば、何をどのように勉強すべきかが明確になります。

目標と目的が決まったら、「絶対に達成する！」と覚悟を決めてください。

例えば、「次の試験に合格するために毎日1時間勉強する！」と決意することで、勉強を続ける力が生まれます。そして先ほど解説した「目標は達成するためにある」という考え方が効果を発揮し、目標に向かって確実に前進することができるのです。

≫「本物の目標」と「偽物の目標」を見極める

勉強には重要となる目標が、２つあります。

- **本物の目標**
- **偽物の目標**

その目標は本物か偽物か？　どちらなのか？　真偽を確かめる必要があります。

「自分の目標が本物か偽物か」をどうやって確認すればいいのか？

私は次のような方法で毎日確認しています。

目標を見て達成したいと思うかどうか？

私は目標を紙に書き出し、最も目立つ場所に貼っています。

毎朝、その目標を見て、「本当に達成したいのか？」と自問自答しています。

このような日課を行っている理由は、「目標はブレやすいから」です。

もしかしたら、あなたには次のような経験があるかもしれません。

「昨日は目標に向けてやる気があったのに、今日はやる気が出ない」

これは心理学でいう「動機づけの一過性」という現象で、感情や状況の変化によってやる気が変化してしまうのです。日々の気分やストレスがやる気に影響を及ぼすので、いわば人間の弱い習性のようなものです。

しかし、その日の気分でやる気がなくなるのであれば、それは「偽物の目標」です。やる気が出ずにブレた時点で「本物の目標」でなかったのです。

「本物の目標」はブレません。誰になんと言われても、どんな苦しいことや辛いことがあっても、目標を達成するための情熱はなくなりません。

毎日、目標を見て自問自答を繰り返し、「本物の目標」だと確認することが大切です。そうすれば、やる気が出ないと言い訳して目標がブレることもなくなります。

≫マグマのような「情熱」を燃やし続ける

「本物の目標」を持ち、目標がブレないようにするためには、強い情熱が欠かせません。情熱があれば、どんなに困難な状況でも目標に向かって突き進み、やる気を保つことができます。しかし、情熱がなければ、勉強に取り組む意欲を維持することは難しく、目標も簡単に揺らいでしまいます。

目標を達成するために必要な情熱は、自分が「どうなりたいのか」という理想を明確にすることで生まれます。

「資格試験に一発合格したい」
「第1志望校に合格したい」
「学年トップになって自慢したい」

理想が勉強への情熱を引き出し、目標に向かって行動を起こす力となります。

「学歴を高めて就職の選択肢を広げたい」

「資格を取得して給料を増やしたい」

「高得点を取って周囲を驚かせたい」

「大企業に入社して高収入な異性と結婚したい」


理想は人それぞれで構いません。

重要なのは、その理想が自分の情熱をかき立てるものであるかどうかです。

しかし、一度立てた理想や目標も、日々の忙しさや気分の変化によって忘れ去られることがあります。だからこそ、目標を見ながら毎日「本当にこの目標を達成したいのか?」と自問自答し続けることが重要なのです。


目標の確認は、「朝」に行うのがベストです。朝は脳が最もクリアに働く時間だからです。夕方や夜は疲れが出やすく、学校や仕事、家事の後では、集中力が残っていないこともあります。だからこそ、朝のフレッシュな状態で確認することが効果的です。ただし、人によって最適な時間は異なります。夜型の方は夜に確認するのもＯＫですし、自分に合ったタイミングで毎日欠かさず目標を確認しましょう。

こうして、自分の理想を意識し続けることで、情熱を維持し、目標をブレさせないための行動ができるようになります。

勉強に全力を注ぐことで、情熱はさらに強まり、目標達成への道が開かれます。**マグマのように沸騰する情熱こそが、目標をブレさせずに勉強を進める原動力**となります。常にその情熱を燃やし続けることが大切です。

大谷翔平も実践！「目標」を紙に書き出す

目標を紙に書くメリットは、単に目標を確認できるだけではありません。

例えば「志望校に絶対合格！」といった目標を紙に書いて部屋の壁に貼ったとします。昔のドラマや漫画でよく見る光景ですが、最近では古臭くてアナログな方法だと感じるかもしれません。

しかし、この目標を紙に書いて張り出すという方法には、目標達成率を高めるという科学的データがあるのです。

アメリカのハーバード大学では、１９７９年から10年間にわたってこの方法の有効性を調査する実験が行われました。１９７９年に、教授が学生たちに「目標を持っているか」「目標を紙に書いているか」と質問したところ、「目標を持っていて、それを紙に書いている」学生は全体のわずか３％だけでした。

10年後の追跡調査で、驚くべき結果が出ます。

目標を紙に書いていた３％の卒業生が、残り97％の卒業生よりも10倍の収入を得ていたことが判明したのです。目標を紙に書くことが、目標達成とその後の高収入につながったのです。

これは**「プライミング効果」という脳科学的な現象で、紙に目標を書くことで、常にその目標が視界に入る状態になります。これにより、目標が意識に強く残り、達成に向けた行動が促進されます。**

また、脳の潜在意識にも目標が刷り込まれるため、無意識のうちに目標達成に役立つ情報や機会に敏感になるのです。

ブレない「本物の目標」を持つ

目標を紙に書いて目立つ場所に貼る

目標を紙に書き出して
目立つ場所に貼り、
「本当にこの目標を
達成したいのか？」
と問い続けることで、
目標がブレなくなる。

目標に向かって無意識に行動する

目標を紙に書き出すと
潜在意識に刻まれ、
自然と目標達成に向けた
行動を取るようになる。
「英検１級合格！」と
紙に書き出せば、
無意識に英語に敏感になる。

例えば、あなたが「英検1級合格！」と目標を紙に書き出したとします。

すると日常生活の中で、英単語やフレーズが自然と目に留まるようになります。

ネットや雑誌の広告、テレビ番組、街の看板など、無意識のうちに英語に目を向けるようになるのです。

「資格試験に合格！」と目標を紙に書き出し、それを勉強机など自分の目に留まりやすい場所に貼ったとします。この紙を毎日見ることで、試験合格に向けた勉強計画を立てる意欲が高まり、勉強が習慣化するなどの効果が期待できます。


有名アスリートにも、目標を紙に書き出し、達成した人がたくさんいます。

例えば、大リーグで活躍する大谷翔平選手は、高校生時代に「8球団からドラフト1位指名」という目標をノートに書いていていました。**大谷選手も目標を書き出すことで、自身の意識や行動を目標達成に向けて最適化したのです。**

このように、目標を紙に書き出して目に留まる場所に貼るだけで、目標達成にプラスの効果があります。

貼る場所は、勉強机の前の壁、参考書の表紙、トイレ内のドア、寝室の壁など、日常生活でよく目にする場所や、行動する際に目に入る場所が最適です。ぜひ、あなたも試してみてください。

最後にお伝えしたいのは、**「目標は追い続けること」**です。達成するまで、寝ても覚めても追い続けるのです。途中で追うのをやめた瞬間、その目標は未達成に終わります。

もしその目標が心を突き動かす「本物」なら、何があってもあきめることなく、追い続けられるはずです。

ポイントと宿題
Points & Homework

- 達成したい「本物の目標」を決める
- 「目標」と「目的」を具体化して明確にする
- 「目標」を紙に書いて目立つ場所に貼る

Study Method

時間の考え方

超効率的な時間管理術「行動記録」と「逆算計画」

≫「時間は有限である」と頭に叩き込む

目標を設定したら、その達成に向けて「時間」をどのように活用するかがカギとなります。

まずは**「時間の考え方」**を改めましょう。

その上で、勉強の成果を上げるための「時間の使い方」を具体的に探っていきます。

勉強はまさに「時間」との戦いです。

入学試験や資格試験では、「○月△日」が受験日として決まっており、それに向けて使える時間が自動的に設定されます。

つまり、試験までに限られた時間しかないのです。

私たちの人生にも期限があります。

たとえ平均寿命を生きたとしても約3万日、1日は24時間だけです。

その24時間の中で、睡眠に約8時間を使い、食事やお風呂、トイレの時間も必要です。

これらを考えると、勉強に集中できる時間はごくわずかです。

ここで大切なのは**「時間は有限である」**という考え方です。

勉強を始めた瞬間から、制限時間のカウントダウンが始まります。

例えば「夜7時から勉強を始めて、11時には寝る」と決めれば、実際に勉強できるのは4時間以下です。これにより「時間は有限である」ことを否が応でも実感します。

すべての課題や試験には締め切りがあるので、常に「時間は有限である」という意識が必要です。

限られた時間をうまく活用することが、勉強の成果を上げるために重要なのです。

≫「明日やろう」ではなく「今すぐやる」

さて、ここであなたに質問です。

「あなたは日々、時間を意識していますか？」

有限である時間を意識して、「何をいつまでにするか」を決めて行動していますか？

時間を意識せず、ただ漫然と過ごしてしまう人が多くいます。

これには、心理学的に「有限性の否認」と呼ばれる防衛機制が原因にあります。

防衛機制とは、つらい現実を無意識に避ける心の働きで、自分の寿命や時間の限界を意識せず、時間が無限であるかのように錯覚させてしまうのです。

例えば、スマホをいじっていると、時間は一瞬で吹き飛びます。その間、時間のことなんてまったく考えていません。そして、スマホを置いたあとに「え、もうこんな時間？」とびっくりすること、ありませんか？

「時間は無限である」という錯覚が、こういった時間の無駄遣いを招くのです。

勉強で結果が出ない人も、「時間は無限である」と考えがちです。

試験勉強を「明日やろう」と思って先延ばしにしたり、計画を立てずにダラダラと学習したりして、時間を有効に使わないからです。まさに「有限性の否認」です。

こうした「明日やろう」「あとでやろう」といった先延ばしの言葉は、時間は無限であると錯覚している証拠です。

勉強で結果を出すためには、**「時間は無限である」という心理学的な錯覚に抗い、「時間は有限である」と考え方を改めなくてはなりません。**

ここで、あなたに覚えてほしい、試験に合格するために必要な言葉があります。シンプルで、かつ強烈なメッセージです。

● 先延ばしにした時間＝合格に必要だった時間

≫1日の「行動記録」を時計で数値化

ここからは「時間の使い方」について具体的に解説します。

人はついつい時間を甘く見積もりがちです。

「時間は有限」と自覚していても、気づけば「時間は無限」のように感じてしまうこと、ありますよね？　これは多くの人が陥《おちい》りやすい落とし穴です。

そんな悪いサイクルを断ち切るために、日常的に「時計を持ち歩く」ことをおすすめします。靴を履くように外出時も時計を身に着け、時間を常に意識する習慣をつけましょう。

その際、スマホではなく、時間を見る機能やストップウォッチ機能だけの時計が望ましい。スマホだと、他の機能やアプリに気を取られる危険性があるからです。

次に、具体的な時間管理の方法です。

この方法を実践することで、あなたの時間感覚が大きく変わるはずです。

まず、**日々の自分の行動を記録**します。

例えば、以下のように時間ごとに行動を記録します。

7：00　起床

7：00〜7：45　お手洗い、洗顔、着替え、朝食

7：45〜8：00　歯みがき、学校へ行く準備

8:00〜8:30 登校
8:30〜16:00 学校
16:00〜16:30 下校
16:30〜17:30 スマホ
17:30〜18:30 勉強
18:30〜21:00 夕食、お風呂
21:00〜22:00 YouTube
22:00〜23:00 勉強
23:00〜23:30 就寝準備
23:30 就寝

これが**あなたの1日の「行動記録」**です。

時計を持ち歩いて時間を確認し、紙やスマホのアプリにメモしてください。

これにより**「自分が何にどれくらいの時間を費やしたのか」が視覚的に分かり、自分を「数値化」できます。**

実際に自分を数値化してみると、驚くことが多いでしょう。

「え！　スマホとＹｏｕＴｕｂｅに合計2時間も使ったの？」

「夕食とお風呂で2時間半？　他に何かやったっけ？」

このように、自分の時間の使い方に驚き、無意識に浪費していた時間に気づくはずです。1週間ほどデータを蓄積すれば、自分の時間の使い方の傾向が見えてきます。

これが、無駄な時間の使い方を改善する第一歩です。

まずは行動記録を取り、自分の行動を数値化しましょう。

これにより、時間を有効に使えるようになるはずです。


行動記録ができたら、次は具体的な改善策を考えましょう。

その際に重要なのは、「どの目標に向かって時間を削るのか？」ということです。

目標の重要性についてはすでに話しましたが、まずは「自分の目標は何だったか？」を再確認してみてください。

無駄な時間を削ろうとする理由がはっきりしないと、改善策を考えても実行が難しくなります。結局、行動を改善できずに終わってしまうこともあるのです。

例えば、行動記録を見て「ＹｏｕＴｕｂｅを見すぎているから、1時間削って勉強しよう」と思ったとします。

でも、目標が曖昧だと「なぜ勉強するのか」「何を勉強するのか」がわからず、勉強に身が入らずにまたＹｏｕＴｕｂｅに戻ってしまうかもしれません。

行動記録をつけるときは、その最上部に「目標」を大きく書きましょう。

そして、**「この目標を達成するためにはどの時間を削り、どんな勉強をすればいいのか？」**と考えてみてください。これで、行動を見直し、実際に改善できます。

目標の期限から逆算した「逆算計画」

目標設定の重要性はすでに説明しましたが、その際に目標から逆算して時間管理をするのがポイントです。

これを実現するのが「逆算計画」です。

逆算計画とは、目標を設定し、その期限から残りの時間を逆算して行動計画を立てる方法です。

例えば、入学試験に向けて逆算計画を立てる場合、まず志望校を決め、試験日から残りの日数を計算します。

次に、どの時点までにどのような勉強を進めるかを具体的に計画します。

例として、資格試験について逆算計画を立ててみましょう。

試験本番が1年後に控えており、解くべき問題集が4冊あるとします。

❶ **目標設定**　1年後の資格試験に合格すること

❷ **逆算計画を立てる**　試験日から逆算して、1年以内に問題集4冊を解く

❸ **大まかなスケジュールを立てる**　3カ月ごとに1冊を完璧にする

❹ **1日の目標を立てる**　各問題集が180ページなので、1日2ページを目標

「いつまでに」「何をするか」を明確にすることで、スケジュールに沿った勉強が進めやすくなり、時間を効率的に活用できます。

逆算計画をもっと効果的にするには、目標を細かく分けて、それぞれの段階に応じた

――「逆算計画」を立てる――

①目標設定

最初に達成したい
目標を設定する。

②「逆算計画」を立てる

期限から残り時間を逆算して、
その期間に行う
長期的な勉強計画を立てる。

③大まかなスケジュールを立てる

長期的な勉強計画を
半年や３カ月などの
短い期間に区切って、
大まかなスケジュールを立てる。

④１日の目標を立てる

大まかなスケジュールを
細かく分けて、
その日１日にこなす
目標やタスクを立てる。

行動計画を立てます。

目標を「大中小」の3段階に分け、数年単位の「大目標」、数カ月単位の「中目標」、数日・数週間単位の「小目標」に分けることで、勉強のペースを管理しやすくなります。

例えば、1年後の英検1級に合格するという大目標だけでは、漠然として行動に移しにくい。

そこで、目標を次のように分けます。

❶ **大目標**　英検1級に合格する
❷ **中目標**　3カ月以内に過去問5年分を3回解き直して完璧にする
❸ **小目標**　1週間で1章ずつ問題集を完璧にする

こうすることで、日々の勉強がより明確になり、取り組みやすくなります。目標を具体的に設定することで、自分が今どこにいるのか、どれくらい勉強が必要かを把握できるのです。

小目標を達成することで、日々の進捗が実感でき、モチベーションもアップします。

逆算計画によって、効率よく時間を使いながら着実に目標に近づけます。
良い計画と時間管理は、目標から逆算して立てるものです。
目標から逆算した計画を作成し、勉強に取り組んでみてください。

ポイントと宿題

Points & Homework

- 「時間は有限」と認識して今すぐ行動する
- 1日の「行動記録」を作成する
- 期限から逆算して「逆算計画」を立てる

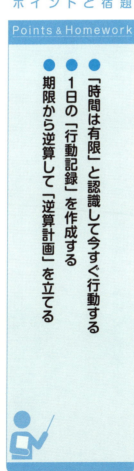

Column1

仕事と勉強を両立する「勉強時間管理術」

≫働きながらの勉強は「時間管理」がポイント

資格試験の合格を目指す社会人にとって、**「時間管理」が成功のカギ**です。忙しい日々でも、時間を工夫すれば結果はついてきます。学生が部活と勉強を両立する場合にも使える方法です。無理なく両立を実現するためのポイントを紹介します。

●空き時間を見つける

自分の1日を「見える化」してみましょう。

手帳やカレンダーアプリに、仕事、通勤、食事、睡眠などの予定を書き出します。

そうすると、**空き時間がどこにあるかが一目でわかります。その時間に何をどれくらい勉強するかを具体的に決めておきましょう。**

例えば、通勤中は英単語カード、休憩中は薄い問題集に取り組むのもよいでしょう。

さらに、スマホの学習アプリや電子書籍を使えば、空き時間でも無理なく勉強が進められます。

●朝のゴールデンタイムを活用する

夜はどうしても疲れが溜まりがち。

だからこそ、**脳がフレッシュな朝の時間を使いましょう。**

早起きして1時間だけでも勉強すると、記憶の定着や思考力アップにつながります。

暗記や少し頭を使う課題には、この朝時間がベストです。

そのためにも、毎日決まった時間に寝起きして、朝にやる勉強をリストアップしておくのがおすすめです。

●週末で一気に進めよう

平日は忙しい分、**週末を活かして一気に学習を進めるのも効果的**です。あらかじめ「何をどこまで進めるか」をタイムスケジュールに組み込んでおけば、スムーズに計画通り進められます。

まとまった時間を無駄なく活用し、効率的に学びましょう。

忙しい毎日で時間をうまく管理するのは大変ですが、できる範囲でできる限りのことをするのが大切です。

小さな達成を積み重ねることで自信がつき、自然とモチベーションも上がります。焦らず、淡々とやるべき勉強を続けることが合格への最短ルートです。

空き時間を活用して計画的に取り組めば、忙しくても成果は必ず見えてきます。無理せず、自分のペースで進んでいきましょう。

さあ、今日から一歩踏み出してみませんか?

第2章

最適で最高な「勉強環境」のつくり方

Study Method

環境の考え方

人生と勉強の結果は「環境」で決まる

自分の力で「環境」を変える

第1章で学んだ「目標の考え方」と「時間の考え方」は、勉強をやり抜くための基礎です。

次に重要なのが**「環境の考え方」**です。どんなに良い目標や計画があっても、環境が整っていなければ結果を出すのは難しいのです。

第2章では、勉強の結果を左右する「環境の考え方」について解説します。

最初にお伝えしたいことがあります。

人生は環境で決まる

例えば、家庭に経済的な余裕があれば、塾や留学など幅広い教育に投資しやすくなります。

一方で、余裕がない場合は奨学金を利用したり、アルバイトしたりして学ぶなど、さまざまな苦労を伴うこともあります。

このように、環境の違いが私たちの人生にどれほどの影響を与えるかは、考えてみるとわかるはずです。

ただ、家庭や職場、学校などの環境は、簡単には変えられません。

環境には運も影響します。

自分の力だけではどうにもならないこともあります。

でも、ここで1つ大切なことを覚えておいてほしいのです。

自分で変えられる環境もある

例えば、「勉強環境」。

自分の部屋で集中できないならカフェで勉強する。勉強意識の高い人たちがたくさんいる塾や予備校に飛び込む。これらは自分で変えられる環境の一例です。

もし今、あなたが学生であれば、「誰かが何とかしてくれる」と思っているかもしれません。確かに、親や先生が助けてくれる場面もあります。

しかし、**最終的に結果を出すのも、環境を変えるのも、あなた自身の力**なのです。

やがて社会に出ると、誰も助けてくれない場面に遭遇することもあるでしょう。

そのとき、あなた自身の力で乗り越えていくことが求められます。

だからこそ、今から自分の行動で環境を変えるための練習をしておくことが大切です。

もう一度お伝えします。

人生は環境で決まります。

環境を変えるためには、自分で変えられる環境を考え、そこに飛び込むことです。

人生と同じように、勉強の結果も環境によって大きく左右されます。

例えば、騒音がうるさい。机の上が散らかっている。手の届くところにスマホやゲーム機がある。周りの人が遊んでばかりで勉強しない。

このような環境では、集中することが難しいのではないでしょうか？

今、あなたの勉強環境は結果を出せるものになっていますか？

一度、本を閉じて、心を落ち着けて考えてみてください。

改善が必要だと感じた方から、続きをお読みください。

「テスト環境」が最高の勉強環境

さて、ここからは「環境づくり」について考えていきましょう。

まず、質問です。あなたにとって「最高の勉強環境」とは何でしょうか？

「雑音や騒音がない」

「気が散るものがない」
「勉強する机や椅子が快適」
「長時間集中できる」

人によって答えはさまざまだと思いますが、どれも正解です。
しかし、私の答えは少し違います。

●「最高の勉強環境」＝「テスト環境」

「テスト環境」が最高の勉強環境である理由は3つあります。

❶最も集中できる場所だから
❷本番の練習ができる場所だから
❸結果を出す場所だから

❶ 最も集中できる場所だから

テスト中に集中できない人は、ほとんどいません。体調不良や睡眠不足、周囲の騒音といった特殊なケースを除き、多くの人はテスト中にほぼ全力で集中しています。

試験会場の雰囲気、試験監督の目、制限時間、テスト問題など、すべてが集中力を引き出す要素です。

これまで受けた学校の定期テストや試験を思い出してみてください。テストのときは、いつもより集中できたはずです。つまり、「テスト環境」＝「集中できる場所」なのです。

❷ 本番の練習ができる場所だから

普段から本番さながらの模擬試験を受ける「テスト環境」に身を置いたら、どうなるでしょうか？

入試や資格試験のリハーサルとして、模擬試験は本番を意識した実践力を鍛える絶好の機会です。普段以上に勉強の質が格段に上がるはずです。

全国屈指のスポーツ強豪校の練習を例に挙げましょう。

部員たちは日々、レギュラー争いを繰り広げています。練習でのミスが命取りになり、レギュラーの座を失うかもしれない。一生補欠で終わる可能性だってあります。

そんな厳しい環境で、彼らは本番を意識した練習を重ねています。

あなたはどうですか？　このような環境で日々過ごしていますか？

実行するのは簡単ではありませんが、高いレベルで結果を出す人たちは、このような厳しい環境に身を置いているのです。

本番を意識して、日々の勉強を積み重ねることで成績が伸びる。

このように、「テスト環境」＝「本番の練習ができる場所」となるのです。

❸ 結果を出す場所だから

テスト環境で勉強すると、自然と「結果」を意識するようになります。

試験会場の雰囲気を再現しながら勉強すれば、目標とする点数や合格を強く意識でき、勉強への意欲も高まります。

その緊張感が日常の勉強にも良い影響を与え、より高い効果が得られるのです。

テスト環境＝「結果を出す場所」で実際のテスト本番を意識することで、学習の効果もさらに高まるのです。

最高の勉強環境「テスト環境」

最も集中できる場所

試験会場の雰囲気、
試験監督の目、制限時間、
テスト問題など、
集中力を引き出す要素が
整っている。

本番の練習ができる場所

スポーツ強豪校のように、
模擬試験などの
本番さながらの環境で
学ぶことで、実践力が鍛えられ、
勉強の質も向上する。

結果を出す場所

目標点や合格といった
「結果」を強く
意識するようになり、
勉強への意欲も高まる。

これらが私の考える最高の勉強環境、つまり「テスト環境」です。

「何としてでも結果を出したい！」と思っているなら、このような環境で勉強に取り組んでみてください。

結果を求めるなら楽な道は選べない

常にテスト環境で勉強するのは、ハードルが高いかもしれません。

でも、結果を本気で求めるなら、楽な道は選べません。

しんどいことを乗り越えないと、良い結果は得られないのです。

成績がぐんぐん伸びる人や、難しい試験に合格する人は、実際に厳しい環境で勉強しています。

私も塾講師として、常に結果を求められています。

偏差値の爆上げ、難関校に合格、学年1位獲得など生徒が結果を出せなければ、塾講師とはいえないと思っています。

だからこそ、私は常に結果を意識し、勉強法や考え方を研究しているのです。

あなたも本気で結果を出したいなら、ぜひテスト環境で勉強してみてください。

そういった勉強の積み重ねが、実際のテスト本番であなたに良い結果をもたらすでしょう。

【視覚】視界から邪魔なものは排除

ここからは「テスト環境」をつくるための具体的方法を解説していきます。

テスト環境を整えるために大切なのは、「五感を使う」ということです。

五感とは視覚（見る）、聴覚（聞く）、触覚（触れる）、味覚（味わう）、嗅覚（嗅ぐ）の5つの感覚機能を指します。

五感は勉強に大きな影響を与えます。

落ち着ける静かな空間は集中力を高めます。

快適な椅子や机、軽食や好きな香りはリラックスを促し、学習意欲を引き出します。

五感を意識することで、自分に合った学習スペースを見つけやすくなり、勉強の効果が高まるのです。

特に重要なのは「視覚」、「聴覚」、「触覚」の3つです。

まずは**「視覚」**から解説していきます。

私たちは日常生活の中で、情報の大部分を「視覚」で処理しています。心理学や認知科学の研究によると、生活で必要な情報の約80%は視覚から得ています。

テスト環境でも視覚が重要な働きをします。

まずは勉強机の椅子に座ってみてください。

あなたの目の前には何が見えますか?

次に後ろを振り返ると何が見えますか?

「見えたもの」をよく覚えておいてください。

それでは質問します。その「見えたもの」は、勉強の邪魔になっていませんか?

勉強が進まない原因になっていませんか?

勉強中に視界に入るもの次第で環境は大きく変わります。

勉強に集中できるかどうかが決まるのです。

例えばスマホやマンガ、テレビ、ゲームなど趣味や娯楽に関連するグッズが視界に入ると、気が散りやすくなります。

視界に入るもので勉強に不要なものは、どこかに片付けるか、思い切って排除してください。あなたがこれまでテストを受けてきた試験会場には、スマホやマンガなど余計なものは一切なかったはずです。

テスト環境をつくるために視界に入るものは、勉強に必要なものだけにしましょう。

【触覚】机の上は必要最低限に絞る

続いて**「触覚」**について解説します。

あなたが勉強机で勉強するとき、「触れるもの」は何がありますか?

主に次の3つが考えられます。

- ❶ **教材**
- ❷ **筆記用具**
- ❸ **その他のアイテム**

さて、ここで問題なのは「数」です。

多くの人は教材や筆記用具、その他のアイテムが多すぎます。

人間の脳は秩序を好み、ものが散らかっているとストレスがかかり、集中力が維持しづらくなるようにできています。

勉強中は、机の上に置くものを必要最低限に絞りましょう。

それ以外のものは引き出しや本棚、押し入れにしまい、視界に入らないようにすることです。

❶ **教材**　今やっている勉強に必要な問題集、参考書、ノートだけにしましょう。例えば、数学を勉強しているときに英語の参考書があると、どうしても気が散ってしまいます。なので、今の勉強に不要なものは見えないところにしまっておきましょう。

❷ **筆記用具**　シャーペン、消しゴム、マーカーなど3～4種類あれば十分です。

❸ **その他のアイテム**　付箋や単語帳、電子辞書、計画表、時計など、必要なものを最

視覚と触覚で最高の勉強机をつくる

勉強の邪魔になる「見えるもの」「触れるもの」を片付ける

視界や手の届く範囲から
勉強の邪魔になるものを
片付け、集中力を高める。

勉強机の上に置くものは必要最低限に絞る

勉強机の上に置くものは、
教材や筆記用具、
時計などの
必要最低限に絞る。

小限にします。

テストを受ける際に机に並べるのは、問題用紙、解答用紙、筆記用具、時計くらいです。このようなテスト環境に近づけることで、集中力を高めて勉強できます。

》【視覚＋触覚】スマホは存在自体が勉強の妨げ

次に、「視覚」と「触覚」に関連する重要なポイント、つまり**「触れるものとの距離感」**を考えてみましょう。

例えば、手の届く場所にスマホがあると、集中力が切れたときに無意識に手が伸びてしまいます。

２０１７年、テキサス大学で行われた研究では、スマホがどれほど集中力を妨げるかを明らかにしています。８００人の被験者に暗記テストを行った結果、スマホを別の部屋に置いたグループが最も良い成績を収めました。一方、スマホを使わずに手元に置いていたグループは成績が低下しました。

つまり、**スマホは使わなくても近くにあるだけで勉強の妨げになる**のです。

たとえスマホを引き出しにしまって見えなくしても、手が届くところにあれば、つい引き出しを開けたくなってしまいます。

マンガやテレビなどの娯楽アイテムも同じです。**誘惑が強いものは、勉強場所からできるだけ遠ざけるのがベスト**です。

例えば、スマホの電源を切って隣の部屋に置いてしまえば、「隣の部屋まで取りに行く」「電源を入れる」といった面倒くささがあるので、スマホを使いたい気持ちをぐっと抑えられます。このように、勉強中に触れるものが何であるかが大切です。触れるものが勉強道具かスマホかで、勉強の進み具合が大きく変わります。

【聴覚】集中力爆上げ！「タイマー勉強法」

次に**「聴覚」**を解説します。

勉強中に何が聞こえますか？

「聴覚」でテスト環境をつくるには、「ほぼ無音」が理想です。雑音や騒音は集中の妨げになるからです。

「家族がテレビを見ている」「兄弟姉妹がうるさい」など、雑音や騒音がするのであれば、耳栓やイヤホンで対処するか、家族に静かにしてくれるように頼みましょう。

図書館や自習室など、静かな場所を選んで勉強する環境を変えるのも有効です。

図書館や自習室は、余計なものが少なくて静かなので勉強に集中しやすい場所です。テスト環境の大部分を実現しているのでおすすめです。

「聴覚」の活用として、タイマーを使った**「タイマー勉強法」**が非常に効果的です。

次のように、勉強と休憩のタイムスケジュールを組むことで、集中力を維持しやすくなります。

❶ タイマーをセット（40分、50分、60分など）
❷ 勉強を開始
❸ タイマーが鳴ったら勉強を終了。10分程度の休憩を取る

―― 「タイマー勉強法」で勉強時間を管理 ――

❶タイマーをセット

40分、50分、60分など
自分の集中力が
続く時間に設定する。

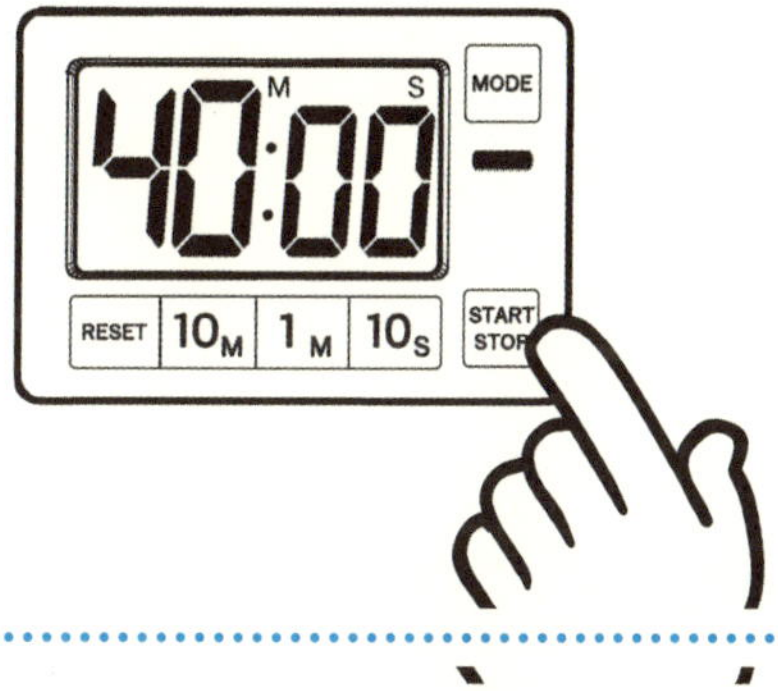

❷勉強を開始

勉強を開始する。
タイマーが鳴るまでの間は、
勉強だけに集中する。

❸タイマーが鳴ったら休憩する

タイマーが鳴ったら、
10分程度の休憩を取る。
休憩したら①に戻り、
勉強を再開する。

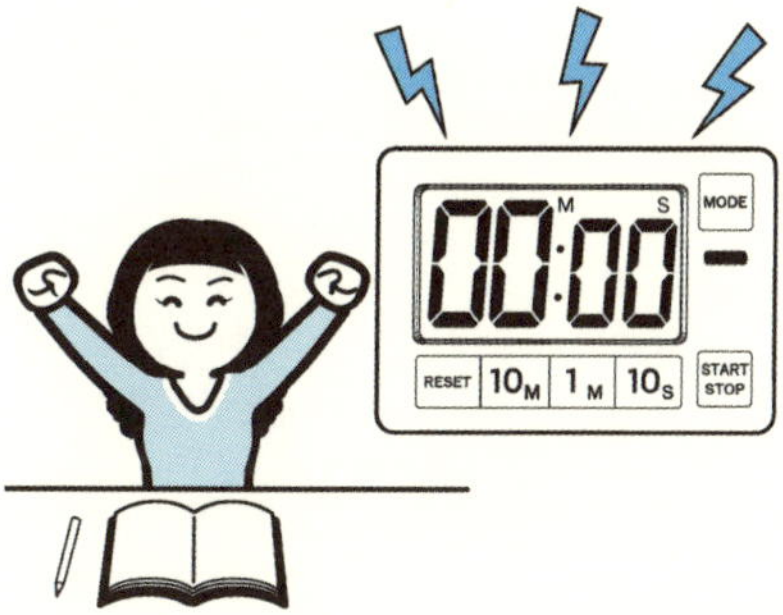

このサイクルを1セットとし、休憩後に再度同じ方法を繰り返します。

この方法では、短期間の集中作業と短い休憩を繰り返すことで、疲労を最小限に抑えつつ、効率的に勉強時間を管理できます。

この「タイマー勉強法」では、大切なポイントが3つあります。

❶ 集中力に合わせたタイマー設定　タイマーは、自分の集中力が続く時間に設定しましょう。例えば、60分だと長くて集中できない場合は、50分、40分など、自分に合った時間に調整してください。

❷ シンプルなタイマーを使用　キッチンタイマーなど、時間を計るだけのシンプルなものを使いましょう。スマホのタイマーは、他のアプリの誘惑があり、集中力を損ねる可能性があります。

❸ 時間内は勉強に集中　タイマーが鳴るまでの間は、スマホやマンガなどを見ず、勉強だけに集中しましょう。このルールを守ることで、タイマーが鳴るまでの間に高い集

中力を維持できます。

このようにタイマーを活用することで、勉強と休憩の時間を効率よく管理できます。開始と終了、休憩のあるテスト同様の環境で取り組めるのです。

≫【味覚】気分転換と集中力アップに活用

五感を活用した勉強環境の整え方について、残る「味覚」と「嗅覚」について解説します。

まずは**「味覚」**から解説します。

うまく活用すれば、**勉強中の集中力を維持しながら気分転換**もできます。

ただし、食べすぎには注意が必要です。

ここでは、味覚を活かしたテクニックをいくつか紹介します。

❶小腹が空いたときに　良質なたんぱく質と脂質を含んだナッツや、天然の糖分が豊富なドライフルーツを少しだけ。これでエネルギーを補給しつつ、集中力をキープ。

❷気分転換に　脳を覚醒させるカフェインを含んだチョコレートを一口。甘さで気分をリセットし、頭もシャキッとします。

❸飲み物はシンプルに　緑茶、ハーブティーをお供に。緑茶はカフェインとテアニンで集中モードをキープ。ハーブティーはカフェインレスで、夜の勉強でも安心です。

❹軽いリフレッシュ　ミントキャンディーやガムで気分をリセット。ミントのさわやかさで頭をスッキリさせたり、ガムを噛《か》んで集中力をアップさせたりしましょう。

味覚を上手に取り入れてエネルギー補給しつつ、集中力を保ちましょう。**休憩時間に飲み食いを「ご褒美」として設定すれば、勉強のモチベーションもアップ**します。

ただし、やりすぎは禁物です。

味覚に気を取られて、集中力が乱れては元も子もありません。

バランスよく活用して、勉強を効率的に進めてください。

【嗅覚】香りが集中力や記憶力を高める

次に**「嗅覚」**についてです。

「嗅覚」を活かすのも、**集中力や記憶力を高める方法**です。

香りは感情や記憶に大きな影響を与え、勉強をサポートしてくれます。

例えば、**ペパーミントやローズマリーは集中力をアップ**させ、**ラベンダーやカモミールはリラックスを促します。**

さらに、**レモンやユーカリは記憶力を向上させる**効果があるといわれています。

これらの香りを楽しむには、アロマディフューザーがおすすめ。

アロマキャンドルや香り付きスプレーも手軽に使えます。これらはホームセンターや家電量販店、オンラインショップなどで簡単に手に入ります。

ただし、香りには個人差が大きいので、自分に合ったものを見つけることが大切です。強すぎる香りは逆効果になることもあるため、適度な香りを意識しましょう。もちろん無臭の環境でも、十分に集中できることを忘れずに。

以上が、五感を活用した「最高の勉強環境」、すなわち「テスト環境」のつくり方です。整った環境があれば、学びの質が向上し、集中力も高まります。

完璧な環境を自分の力でつくり出すのは難しいことですが、小さな工夫で改善できる部分はたくさんあります。

あなた自身の手で、環境を変えてください。

環境を変えることが、より良い結果につながる第一歩になります。

ポイントと宿題

Points & Homework

- 自ら「テスト環境」をつくり、勉強する
- 五感を使って「最高の勉強環境」をつくる
- スマホなどの誘惑物は勉強場所から遠ざける

Column 2

勉強時間が激増する「習慣コピペ勉強法」

≫日常の習慣に勉強をコピペする

「習慣コピペ勉強法」とは、日常の習慣に勉強をさりげなく引っ付けて、勉強時間をグンと増やすテクニックです。

まるで日常生活の中に勉強を「ペタペタとコピペ（貼り付け）」する感覚で、誰でも簡単に実践できます。

例えば、「歯みがきしたら英単語を暗記する」「トイレに暗記物を貼って音読する」「お風呂で1日の勉強を振り返る」など、普段の生活の中で行っている習慣に勉強をうまく引っ付けるのです。

新しい習慣をつくるのは大変ですが、すでに習慣化している行動に勉強を加えると、負担を軽くして始められます。

「習慣コピペ勉強法」の実践ステップは次の通りです。

❶ 習慣化している行動を3つ書き出す
❷ 習慣化したい勉強を3つ書き出す
❸ それらの行動に勉強を「コピペ」する

例えば、「洗顔」「朝のコーヒー」「通勤」といった習慣的な行動を挙げたら、次に「復習したい数学の公式」「暗記したい専門用語」「聞き取りたい英語のリスニング」といった勉強をリストに加えます。

そして、これらの習慣的な行動に勉強を「コピペ」すれば、準備完了です。

習慣的な行動に勉強をコピペした例をいくつか紹介するので、気になるものがあれば試してみてください。

- **洗顔中**　覚えたい数式や語句を頭の中でリピート
- **朝のコーヒータイム**　暗記したい専門用語を声に出して読んでみる
- **通勤中**　イヤホンで英語のリスニングを聴き取る

初めは少し違和感があるかもしれませんが、続けていくうちに、勉強が「習慣化した行動」としてスムーズに定着します。「歯みがきしたら英単語を暗記する」という流れが自然になり、勉強を始めるハードルもぐっと下がるでしょう。

こうして**勉強を習慣化すれば、自然と勉強時間が増えます。結果として、「やる気」や「意思」に頼らずとも、無意識的に勉強を続けられる**ようになります。

習慣は勉強を支える強力な武器です。

ぜひ、さまざまな習慣に勉強をコピペしてみてください。

第3章

「やる気」と「集中力」を爆上げするメンタル強化術

Study Method

やる気の考え方

「やる気」が出まくる超即効テクニック

「作業興奮」で「やる気」を爆発させる

勉強における「やる気」は、成功に向けた重要な要素です。しかし、やる気がないときは行動が難しくなります。この章では、**「やる気の考え方」**を探り、どうすればやる気を引き出し、維持できるのかを解説します。

私はこれまで、「やる気」についての質問をたくさん受けてきました。

「やる気になる方法を教えてください」
「やる気が出なくて困っています」
「どうしたらやる気を上げられますか?」

こうした質問に何度も答えているうちに、私は「やる気」の仕組みについて考えるようになりました。一般的に「やる気」とは、一時的な感情や意欲を指しますが、その背景には行動との関連性があります。

例えば、一流のアスリートを思い浮かべてください。

彼らが練習するとき、「やる気が出ないな」とぼやくでしょうか?

そんなことはありません。彼らにとって練習は日常の一部で、やる気がどうこう考える前に、もう練習を始めています。

「やる気」という言葉を分解すると、「やる(行動する)」と「気(気持ち)」に分かれます。

実際には、「やる」から「気」が生まれるのであり、「やる気を出してから行動する」という順序ではありません。**「やり始めると、やる気が出てくる」**仕組みなのです。

心理学的には、この現象を「作業興奮」と呼びます。

作業興奮とは、作業を始めることで脳が興奮状態になり、集中力や意欲が高まる現象です。つまり、「やる」ことが「興奮」を生み出し、その結果として「やる気」がわいてくるのです。

つまり「やる気を出そう」と考えるのは時間の無駄で、考えれば考えるほど、逆に人は動けなくなります。

行動するときは、思考を停止して、シンプルに動く。

何も考えずに、まずは始める。

このように作業興奮を活用することで、効率的に勉強に取り組めるようになります。

≫「5秒ルール」で、思い立ったら勉強開始

「作業興奮」を活用する際に効果的なのが、**「5秒ルール」**です。

このルールは、**何かを始めようと思ったら「5、4、3、2、1、GO!」とカウントダ**

ウンし、5秒以内に行動を起こすというものです。

5秒ルールの具体的なやり方は、いたってシンプルです。

❶ **目標を決める**（例　朝起きる、勉強を始める）
❷ **「5、4、3、2、1、GO！」とカウントダウンを始める**
❸ **カウントダウンが終わったら、すぐに行動を起こす**（例　ベッドから出る、参考書を開く）

例えば、朝起きるときには「5秒以内にベッドから出る」、勉強を始めるときには「5秒以内に勉強を始める」といった具合です。

このように、何かを始めるときに5秒ルールで開始します。

5秒ルールが有効な理由は、脳の働きにあります。

人間の脳は5秒以上考えると、やらない理由や言い訳をつくり出します。

例えば勉強をしようと思っても、「もう勉強したくない」「スマホでLINEを見たい」「もっと休みたい」といった欲求がわくと、「今日はいつもより勉強した」「LINEに大事なメッセージがあるかもしれない」「寝不足で疲れている」といった言い訳を人間の脳はいくらでもつくり出すのです。

そんなときに5秒ルールを使うことで、こうした言い訳を断ち切り、脳が言い訳を考え始める前に動き出します。

これにより、無駄な時間を減らし、すぐに行動できるようになるのです。

さらに、第2章でご紹介した**「タイマー勉強法」**に**「5秒ルール」**と**「作業興奮」**を**組み合わせる**ことで、より効果的な勉強法が実現します。

❶ 5秒ルールを使って行動を開始
❷ タイマーをセット（40分、50分、60分など）
❸ 勉強を開始
❹ タイマーが鳴ったら勉強を終了。10分程度の休憩を取る

1セットが終了したら、休憩後に①に戻り、再度タイマーをセットして勉強を再開し

やる気は「作業興奮」で引き出す

やる気が出なくても勉強を始める

やる気が出ないときは、
簡単な作業で構わないので、
何も考えずに
とにかく勉強を始める。

「作業興奮」によってやる気がわいてくる

勉強を始めると
脳が興奮状態となり、
集中力や意欲が高まって
やる気がわいてくる。

「5秒ルール」で作業をスタート

勉強しようと思ったら、
「5、4、3、2、1、GO！」と
カウントダウンして
作業を開始する。
脳が言い訳をつくり出す前に
勉強に取り掛かれる。

ます。すると、「作業興奮」によってやる気がわき、タイマーをセットした時間内は集中して勉強できるようになります。

このように、タイマー勉強法と5秒ルール、作業興奮の組み合わせを活用すれば、集中力を維持しながら勉強を継続できます。ぜひ試してみてください。

》「振れ幅の法則」で行動力を激増させる

ここからは心理テクニック**「振れ幅の法則」**を使って、どうやって行動を促すかを解説します。これは人間の心理に強烈に働きかけることでモチベーションを高め、行動力を上げるテクニックです。

人間が行動する目的は、大きく分けて2つあります。それは「●●したい！」という利益を得るためと、「●●したくない……」という損失を避けるためです。

例えば、受験生が勉強するのは「第1志望校に合格したい！」という利益と、「受験に失敗して浪人したくない……」という損失があるからです。

これは、日常の行動にも当てはまります。歯をみがくのは、「歯をキレイにしたい」

という利益と、「虫歯になりたくない」という損失があるからです。

このように、**人間は「利益」と「損失」を動機に行動します。**

そして、この心理を利用するのが「振れ幅の法則」です。

この振れ幅が大きければ大きいほど、人間は積極的に行動するようになります。

例えば、資格試験を目標にした場合を考えてみましょう。

- **（利益）「資格試験に合格して昇進したい！」**
- **（損失）「資格試験に失敗して左遷されたくない……」**

どうでしょう、このギャップの大きさ。まさに「天国」と「地獄」ですね。

成功すれば「天国のご褒美」、失敗すれば「地獄の罰」が待っています。

この振れ幅が大きければ大きいほど、人間は全力でがんばります。

天国への欲望と地獄への恐怖が行動を駆り立てるのです。

ぜひ、勉強する前に「●●したい！」と「●●したくない……」を思いつく限り書き出してみてください。これにより、利益と損失が明確になり、その差が大きくなります。

そして、その差が大きくなるほど、自然とやる気がわいてくるはずです。

この「振れ幅の法則」を使えば、あなたの勉強へのモチベーションが強化されます。

「勉強習慣化」で意志に頼らず勉強する

最後に**「習慣化は強力な武器」**というテーマについて、お話しします。

たとえ、やる気や意欲がわかない日でも、勉強が習慣化していれば、迷うことなく机に向かい、勉強を進められるようになります。

あなたは日常生活で、どのような習慣を持っていますか？

歯みがきや手洗い、お風呂など、さまざまな習慣があります。

その中に「勉強」を取り入れてみましょう。

勉強を歯みがきと同じレベルで習慣化するのです。初めはハードルが高く感じるかもしれませんが、習慣化のコツを活用すれば、決して難しくありません。

では、昔を振り返って「歯みがきをどのように習慣化したか」を思い出してみましょう。

子どものころ、お母さんやお父さんに手伝ってもらいながら、少しずつ自分でみがけるようになったはずです。このように毎日繰り返すことで、歯をみがく習慣が身についたのです。この例には、習慣化に必要な要素が含まれています。

- **お母さん（お父さん）**
- **少しずつ**
- **毎日**
- **繰り返す**

行動を習慣化するためには、**「誰か」**の存在が大きな役割を果たします。具体的には次の方法があります。

- **誰かと一緒にやる**　友人や家族と勉強することで、互いに励まし合い、習慣を続けやすくなります。
- **誰かに宣言する**　目標を周囲の人に宣言すると責任感が生まれ、習慣化が進みます。

誰かに監視してもらう

誰かに進捗をチェックしてもらうことで、自分の行動に意識が向き、習慣化が促されます。

これらの方法で、習慣化できるようになります。

「誰か」の存在は行動を促します。歯みがきの例でいえば、「誰か」は「お母さん」に当たります。お母さんのサポートがあったからこそ、歯みがきが習慣になったのです。

勉強を習慣化する際にも、家族や友人、学校の先生、塾の講師など、誰かの協力が必ず役立ちます。

次に、**「少しずつ」「毎日」「繰り返す」**について説明します。

例えば「英単語の暗記」を習慣化したい場合、まずは「1日10語」などの少しずつの量から始めます。いきなり「1日100語」と目標を高く設定すると挫折しやすいので、物足りないくらいの量でスタートしましょう。そして、その量を「毎日」続けます。

暗記する「時間帯」を決めたり、「何かの行動の後に暗記する」と設定したりすると、より効果的です。

例えば、「歯みがきのあとに英単語の暗記を15分する」のようにして、「歯みがき」という習慣に「英単語の暗記を15分する」を組み合わせると、自然と勉強に取り組めます。あとは毎日「繰り返す」だけです。

習慣化するには、早ければ3週間、平均して2カ月かかるといわれていますが、小さな目標から始めて根気強く続けてみてください。

一旦習慣化すると意志の力が必要なくなり、勉強が自動化します。

「勉強しないと気持ち悪い」状態まで習慣化すれば、意志に頼らず勉強できるようになるでしょう。

ポイントと宿題

Points & Homework

- 何も考えずに作業を始めて「作業興奮」を発動する
- 「5秒ルール」で5秒以内に行動を起こす
- 「勉強習慣化」によって、意志に頼らず勉強する

Study
Method

集中力の考え方

集中力を最大化する「集中力の公式」

≫効果絶大！「集中力の公式」

あなたはには次のような経験はありませんか？

「長時間勉強していたら、急に集中力が切れて、勉強の質が下がった」

長時間の勉強は集中力が途切れやすく、質も下がりやすいものです。誰もが経験することではないでしょうか。

このように、集中力が続かず困っている方は多いと思います。

ここからは、**集中力を高めるための考え方**を解説していきます。

勉強できる人の特徴の1つに「集中力の高さ」があります。授業を受けたり、英単語を覚えたり、テストの問題を解いたりする際、非常に高い集中力を発揮します。

私の塾でも、こうした集中力の高い生徒が成績上位を占めています。

そこで、私は集中力の高い生徒の特徴を研究し、集中力を高めるために欠かせない要素を組み合わせて**「集中力の公式」**を編み出しました。

●環境×肉体×メンタル＋トレーニング

この「集中力の公式」は、4つの要素で構成されています。

ポイントは、「掛け算」と「足し算」が使われていることです。後ほど詳しく説明しますが、集中力は「トレーニング」である程度は高められます。

しかし、「環境」「肉体」「メンタル」のどれか1つでも欠けていると、集中力を高めるのは難しくなります。

- **劣悪な環境**
- **肉体がボロボロ**
- **メンタルが崩壊**

このような状態では、いくら「勉強しよう！」と思っても集中力は高まりません。

これらの要素は「掛け算」でつながっており、どれかがゼロになると集中力もゼロになってしまいます。従って、「環境」「肉体」「メンタル」を整えることが重要です。

「環境」については第2章で詳しく解説しましたので、必要であれば再読してください。

また、「メンタル」については、このあとに詳しく解説します。

》【肉体】「視覚」を休ませて集中力をキープ

まずは、「集中力の公式」の**「肉体」**から解説していきます。

肉体面に問題があると集中力は下がりますが、肉体面が良い状態であれば、集中力が高まりやすく、維持しやすくなります。

ここでは、「肉体」を3つの要素に分解し、順番に解説していきます。

❶ **視覚**
❷ **睡眠**
❸ **運動**

最初に「**視覚**」について解説します。

あなたは勉強中に目が疲れることはありませんか？

長時間近くのものを見続けると、目の筋肉がこわばり、「眼精疲労」が起こります。目には脳とつながる神経がたくさんあるので、眼精疲労が首や肩の凝《こ》り、さらには頭痛を引き起こすこともあります。

さらに、目から情報を処理すると脳が疲れます。五感の中で視覚が最も酷使されるため、勉強中は特に負担がかかります。

このように**目を使いすぎると、疲労がたまり集中力が切れてしまいます。**

「どんな休憩をすればいいですか？」とよく質問されますが、**「目を休める」**ことをおすすめします。次の簡単な方法で目を回復させましょう。

- **目の周りの筋肉をもんでストレッチ**
- **ホットアイマスクや蒸しタオルで目を温める**
- **意識的にまばたきしたり、遠くを見たりする**
- **しばらく目を閉じる**

集中力を保つためにも、目はこまめに休ませてくださいね。

≫【肉体】「睡眠」が持つ最強のリフレッシュ効果

「眠くて勉強に集中できない」という悩みをよく聞きます。

これは**「睡眠」**が足りていないサインです。**睡眠不足だと集中力がガタ落ち**してしまいます。人それぞれですが、7~8時間の睡眠は確保したいものです。

なぜなら、睡眠には素晴らしいメリットがたくさんあるからです。

例えば、こんな効果があります。

● **記憶が整理されて、しっかり定着する**　勉強した内容が、寝ている間に頭の中で整理されて、記憶にしっかり残ります。

● **理解力が上がる**　脳が睡眠中に情報を処理して、理解が深まります。

● **体も心もリフレッシュ**　疲れた体と心が休まり、翌日の集中力が高まります。

睡眠のメリットを考えれば、勉強のために睡眠時間を削るのは逆効果。かえって効率が悪くなります。また、毎日同じ時間に寝起きする習慣をつければ、寝つきが良くなって、さらに質の良い睡眠が取れるようになります。

眠くなったら無理せず寝る。これが勉強の効率を上げる秘訣です。

もう1つお伝えしたいのが**「仮眠」**です。

あなたは仮眠を取っていますか？

勉強中に集中力が途切れたとき、仮眠は非常に効果的です。仮眠を取ると、「目を休める」ことができ、短時間でもしっかり「睡眠を取る」ことができます。

仮眠には、疲労回復、ストレス解消、集中力や記憶力の向上といった、科学的に裏付けられたメリットがたくさんあります。

つまり、**仮眠は勉強中の最強のリフレッシュ法**なのです。

ただし、気をつけたいのが「寝すぎ」です。

「ちょっとだけ……と思ったら、気がついたら3時間も寝ていた！」なんて経験、ありませんか？　ベッドに入ると、つい長く寝てしまいがちですよね。しかし、寝すぎてしまうと、夜の睡眠に影響が出ることもあります。

そこで、解決策が2つあります。

1つ目は「仮眠を取るときの体勢」です。

例えば、勉強机に突っ伏して寝るなど、少し不便な姿勢を取ると、長時間寝るのが困難になります。すると自然と短時間の睡眠、つまり仮眠になります。

「勉強の合間に5分だけ仮眠を取る」や「集中力が限界になったら、15分の仮眠でリフレッシュする」など、自分の状態に合わせて仮眠を取り、集中力を保ちましょう。

2つ目は「仮眠後の計画を決めておく」です。

仮眠後に絶対に●●する！」と決めておけば、仮眠が必要以上に長くなりません。

例えば、私であれば仮眠後に夕食を取ると決めています。

「16：45に仮眠、17：00に夕食、18：00に授業」と仮眠後の計画が明確に決まっています。

だから仮眠を長時間取ってしまうと、そのあとの計画がすべて崩れてしまいます。

仮眠後の計画を決めておくと良い危機感を覚えるので、必要以上に仮眠を取らなくなります。

【肉体】「運動」で脳を活性化させる

あなたは、積極的に運動していますか？

「運動」と「勉強」には深い関係があります。**運動をすると脳が活性化し、集中力や記憶力がアップします。その結果、学習効果もぐんと向上**するのです。たくさんの科学的な研究でも、運動が脳のパフォーマンスを高めることが証明されています。

また、運動は健康維持にも役立ちます。

だからこそ、勉強と並行して運動を取り入れるのはとても大切なのです。

私自身、1カ月で約100キロ走ることを目標にしています。

ここ3年ほど毎月走り続けた結果、集中力、記憶力、生産性、そして睡眠の質が格段に向上しました。さらに、この数年間、一度も体調を崩していません。

このように運動には大きな効果があり、私にとって「運動が人生を変えた」と言っても過言ではありません。

では、どんな運動が良いのでしょうか？

次のような軽い運動でも十分効果があります。

- **勉強のあとに軽く散歩**　新鮮な空気を吸いながら歩くと、リフレッシュできます。
- **勉強の合間にストレッチ**　筋肉をほぐして、血行を良くしましょう。
- **勉強の休憩時間に腹筋や腕立て**　少しでも体を動かすと頭もスッキリします。

さらに、「立って勉強する」方法もおすすめです。

ずっと座っていると体が凝り固まり、集中力もダウンします。立って勉強することで血行が良くなり、集中力が回復します。

実際、立って勉強することで集中力がアップするという科学的なデータもあります。

座って勉強する時間と、立って勉強する時間を上手に使い分けると、勉強にメリハリがついて、より集中力が維持しやすくなります。

≫【メンタル】「音楽」と「笑い」でメンタルアップ

「集中力の公式」で次にお話しするのは**「メンタル」**です。

例えば、誰かとケンカして気持ちが不安定なとき、勉強に集中するのは難しいですよね。メンタルが崩れると、集中力が維持しにくくなります。

メンタルは勉強において重要な要素ですので、このあとでも詳しく解説します。

ここでは、集中力を高めて維持するためのメンタルアップ術を2つご紹介します。

● **音楽を聴く**
● **笑う**

まず、**「音楽を聴く」**についてです。

「勉強中に音楽を聴くのはありですか？」という質問をよく受けますが、私の回答は「なるべく聞かないほうがいい」です。

脳は同時に複数のことを処理すると、効率が低下します。科学的な研究でも、音楽を聴きながら勉強すると集中力が下がると証明されています。

とはいえ、長時間勉強していると気分が乗らなかったり、集中が切れたりすることがあります。そんなときは、**休憩時間に好きな音楽を聴いて気分転換**するのは効果的です。

また、**勉強を始める前に音楽で気分を上げる**のも良い方法です。音楽に夢中になりすぎないよう、10分間など時間を決めて聴くのがコツです。

要は、メリハリが大切ですので、適切なタイミングで音楽を取り入れてください。

次に、**「笑う」**についてです。

笑うこともメンタルアップに役立ちます。

笑うと脳内の血流が増え、脳の働きが活性化します。「笑いにはリラックス効果と集中力を上げる効果がある」という科学的な研究結果もあります。

勉強の合間や休憩時間に、人と会話して笑ったり、動画を見て笑ったりすることは、勉強する上でもとても大切です。

特に受験勉強中は、「勉強しなければ」と追い詰められて、笑うことを忘れてしまう場合があるものです。

私自身、高校受験や大学受験で大失敗した過去がありますが、当時はほとんど笑っていませんでした。

勉強に追われるあまり、精神的にも疲れ切っていたと思います。

メンタルが落ちると、集中力も散漫になってしまいます。

「笑う」と「集中力」は、意外なほど密接に関係しています。

集中力が切れたときは、ぜひ「笑う」を取り入れてみてください。

≫【トレーニング】「集中時間」を鍛えて延ばす

「トレーニング」について解説する前に、「集中力の公式」をもう一度振り返りましょう。

集中力に大きな影響を与える要素として、「環境」、「肉体」、「メンタル」の3つを挙げました。これら3要素が、集中力を高め、回復させます。

そして、さらに集中力を持続する力を鍛える方法が**「トレーニング」**です。

ここでの「トレーニング」とは、**集中できる時間を少しずつ延ばししていくこと**です。

例えば、「1日30分しか集中できない人」に「1日5時間集中して勉強してください」と言っても無理があります。集中するための持久力が十分に備わっていないからです。

まずは30分から、40分、次に50分、そして60分と、段階的にトレーニングを重ね、集中できる時間を徐々に延ばしていく必要があります。

例えば、あなたが「1日2時間」集中できるのであれば、まずは「2時間10分」を目標にトレーニングを始める。そうやって少しずつ時間を増やしていくことで、集中できる時間が徐々に延びていきます。

ただし、集中力には限界があります。無理をせず、自分の限界を見極めながら、集中できる時間を延ばしていってください。

ちなみに、私の場合、「1日15時間勉強」が限界です。ここに到達するまでに相当なトレーニングを積みました。

塾講師になりたてのころは、1日中カフェにこもり、授業の予習を毎日続けました。この経験が、私の集中力をここまで引き上げたのです。

無理せず、あなた自身のペースで、徐々に集中時間を延ばすトレーニングを続けてください。

ポイントと宿題

Points & Homework

- 「集中力の公式」で集中力を高める
- 「環境」、「肉体」、「メンタル」を整えて集中力を維持する
- 「集中時間」を徐々に延ばすトレーニングをする

Study Method

メンタルの考え方

ストレスに負けない！「メンタル」の鍛え方

「過去思考」ではなく「未来思考」でメンタル強化

勉強における最大の敵は、「自分自身」、特に「メンタル」です。

受験勉強のようなプレッシャーのかかる状況では、「メンタルが崩れて勉強が手につかなくなった」という事態がよく起こります。

勉強は続けてこそ結果が出るものなので、メンタルが勉強の生命線と言っても過言ではありません。

そこで、勉強を最後までやり抜くためには、メンタルを鍛えることが必要です。

ではそもそも、「メンタル」とは何でしょうか?

日本語でいうと「精神」や「心」を指しますが、ここでは「精神状態、もしくはその管理」と考えてください。

よく「メンタルが強い人」といいますが、これはつまり「精神状態をうまく管理できる人」のこと。メンタルを強くするには、まず自分の精神状態をしっかり見つめることが大切です。

さて、勉強においてあなたのメンタルを大きく揺さぶるものは何でしょうか?

それは「結果」です。**私たちは「結果」によって、メンタルが大きく左右されます。**

例えば、テストで「90点は確実だ」と思っていたのに、「80点」だったらどう感じますか?

がっかりしますよね。

逆に100点だったら、うれしいですよね。

このように、勉強における「結果」はメンタルに大きな影響を与えます。

ここで覚えておいてほしいのが、「結果との向き合い方」です。

精神管理がうまい人は、結果と適切に向き合うことができます。

メンタルが強い人は、コントロールできない結果にくよくよしません。

なぜなら、結果は過去の産物であり、変えられないからです。

一方、精神管理が苦手な人は、変えられない結果にとらわれ、後悔や執着を抱きます。

「過去」の結果に時間とエネルギーを使うと、メンタルがどんどん落ち込みます。

逆に、「未来」に時間とエネルギーを使うと、メンタルがどんどん元気になります。

そこで、次のような考え方をしてみましょう。

● 次は何をどうしようか？

たとえ良くない結果が出たとしても、過去を後悔したり自分を責めたりせず、未来に目を向けて「解決策」や「改善点」を考えてください。

未来に向けて行動することは、自分でコントロールできるため、ポジティブになれます。

「過去思考」ではなく、「未来思考」を持つことが重要です。

自分の成長を信じて、未来に向けて計画を立てることで、メンタルはどんどん強くなります。

同じ結果でも、「過去にこだわるか、未来にこだわるか」で、勉強だけでなく人生そのものが変わってくるでしょう。

「スモールステップ勉強法」で達成感を積み上げる

ここからは、勉強に役立つメンタルの鍛え方についてお話しします。

結果を「未来思考」で受け止められるようになったら、次は解決策や改善点を具体的な行動に移していきます。

ただ、この行動に移す段階が少々つらいかもしれません。

それは「今までやったことがない」からです。

例えば、テストの改善点として「時間が足りなかったから、これからは毎回制限時間を設けて勉強しよう」と決めたとします。

いざ実行しようとすると、意志や労力が思った以上に必要になります。

人は新しいことに挑戦するとき、少なからずストレスを感じるものです。なぜなら「現状維持バイアス」という心理が働き、新しいことよりも現状を好むからです。

このとき、**メンタルを鍛えるには、まずストレスを受け入れ、耐えることが大切です。新しい挑戦には抵抗感が伴いますが、それを乗り越えることでメンタルは強くなります。**

さらに、メンタルを鍛えるには、単にストレスに耐えるだけでなく、その先にある達成感や成長を実感し、次のステップに活かすことも重要です。

筋トレで負荷をかけて筋肉をつけるように、少しの負荷や挑戦を経験することで、メンタルも次第に強くなります。「これってちょっとしんどいな」と感じた瞬間こそ、大切にしてください。それは、あなたがメンタルを鍛えて成長するチャンスなのです。

❶ 結果が出た
❷ 解決策を考える
❸ ストレスを感じる
❹ 耐えて実行する

この4ステップを実践すれば、メンタルは今より鍛えられるはずです。
ストレスを「単なる敵」と見るのではなく、「自分を強くするためのパートナー」として捉えることがポイントです。

勉強におけるメンタルは、「達成感」によっても大きく強化されます。

- **できなかったことができた**
- **わからなかったことがわかった**
- **覚えていなかったことを覚えた**

あなたは、こんな達成感を日々の勉強で得ていますか?
メンタルを支える重要な要素、それが「自信」です。
メンタルが強い人は、自信を持っているものです。
自信を育むには、達成感を積み重ねることです。
そこでおすすめなのが**「スモールステップ勉強法」**です。

大きな目標を小さなステップに分け、1つずつクリアしていく方法です。
例えば、数学の問題集を使って「1日1ページ解く」と決める。
最初は簡単な問題から始めて、少しずつ難易度を上げていけば、「できた!」という達成感を得やすくなります。

このように**小さな成功を積み重ねることで、自信は育まれます。毎日何か1つでも達成感を得てください。**

「よし! これができた!」という瞬間を大切にしながら、少しずつ自信を積み重ねていくことで、メンタルも強くなります。

小さな達成感を大切にしましょう。スモールステップを意識しながら、一歩一歩進んで勉強していくことで、自信に満ちた自分を手に入れられます。

≫「心臓バクバク体験」でストレス耐性を高める

あなたは普段、**「心臓がバクバクする体験」**をしていますか?

例えば、「大勢の前で話す自分」を想像してみてください。

勉強に役立つメンタルの鍛え方

①良くない結果が出た

勉強では「結果」の
内容によって、
メンタルに大きな
影響を受ける。

②未来に目を向けて解決策を考える

過去の産物である
「結果」に後悔せず、
未来に目を向けて
解決策や改善点を考える。

③ストレスに耐える

解決策を実行したあとは、
そこから生じたストレスを
受け入れ、耐え抜く。

④メンタルが強化される

新しい挑戦のストレスを
乗り越えることで、
メンタルが鍛えられる。

経験が少ない人や人前で話すのが苦手な人にとっては、緊張や不安が一気に押し寄せるものです。

実はメンタルを鍛えるためには、この「心臓バクバク体験」がとても重要です。

心理学ではこれを**「ストレス適応」と呼び、適度なストレスを経験することで、メンタルが強化される**ことが知られています。

心臓がバクバクする状況を経験することで、心も体も少しずつ鍛えられ、ストレスに対する耐性が高まるのです。

とはいえ、やりすぎると本当に心臓が爆発しそうになるので、ほどほどにしておきましょう。週に1回、あるいは月に1回でも、次のような「心臓バクバク体験」を取り入れてみてください。

- **初めて行く図書館や自習室で勉強してみる**
- **友人や家族の前で目標を宣言してみる**
- **テスト本番と同時刻に過去問を解く**

こうした経験を積むことで、**プレッシャーやピンチに強くなる「レジリエンス（心理的回復力）」が育まれます。**

自分の成長のために、一歩踏み出してみてください。

いつか「メンタルが強い自分」に出会える日がやってくるでしょう。

ポイントと宿題

Points & Homework

- 「過去」ではなく「未来」に意識を向ける
- 「スモールステップ勉強法」で小さな目標を達成する
- 「心臓バクバク体験」に挑戦してストレスに強くなる

Column3

目標を宣言して自分を追い込む「勉強宣言」

周囲に目標を宣言してモチベーションを高める

勉強を継続するためのモチベーションを高めるには、**具体的な目標を周囲に宣言する「勉強宣言」が効果的**です。

周囲に宣言することで言い訳ができなくなり、自然とプレッシャーがかかるようになります。

例えば、「来年の春に資格試験に合格する」と周囲の人に伝えれば、監視の目が生まれ、勉強せざるを得ない状況になります。家族や友人、先生に目標を宣言すれば、彼らがあなたの監視役になるのです。

このような**周囲の存在がモチベーションを引き出し、目標を宣言した以上、無意識のうちに「がんばらなきゃ！」という気持ちが芽生えます。**

周囲の人が応援してくれることで、さらに励みにもなるでしょう。

≫SNSで目標を宣言しても効果的

勉強関連のSNSを使って目標を宣言することも、非常に効果があります。

SNSで目標を発信すれば、多くの人の目に触れ、目標に対する責任感が高まります。また、フォロワーや友人からの応援とフィードバックが大きな励みとなり、モチベーションの維持にもつながります。

もし実名の公開に抵抗があるなら、匿名で参加しても構いません。ユーザー名で気軽に目標をシェアし、同じ目標を持つ仲間とつながることもできます。

例えば、「今日やった勉強内容」や「今週の目標」といった投稿をすることで、**達成感や仲間との連帯感を得ることができ、勉強を続ける力になります。**

私は塾の生徒に「これからの目標は？」と質問して目標を言わせることで、勉強するしかない環境を整えています。

特に授業では、クラスメイト全員がその目標を聞くため、生徒は「周りに言ってしまった以上、絶対に達成しなければならない」と感じるようになります。

他人に目標を宣言するのは勇気がいりますが、その分、達成に向けた意識を高めるのに役立ちます。

実際、私は自分が運営するオンライン塾で、100人以上の生徒に対して「●●します」と目標を宣言することがあります。一度口に出した以上、達成するしかない状況を自らつくり、宣言したことをやり抜いて有言実行しているのです。

ただし、周囲に宣言して自分を追い込みすぎると、途中で疲れてモチベーションが切れてしまうこともあります。

メンタルが病んでは元も子もないので、**過度なプレッシャーがかからないように、過激な宣言は避けるようにしましょう。**

第4章

学習効果が激増する「問題集」と「暗記」の極め方

Study
Method

勉強の本質の考え方

勉強の本質とは「×を○に変える」こと

≫勉強は「できなかったことをできるようにすること」

ここまで、「目標」や「環境」といった準備や、「やる気」「集中力」といった意識面について解説してきました。

ここからは**「勉強の本質」**について解説します。

勉強の根幹となる部分ですので、ぜひ集中してお読みください。

勉強にはいろんな考え方がありますが、私はこう定義します。

●勉強の本質とは「できなかったことをできるようにすること」

これを記号で表すと「×→○」になります。非常にシンプルです。
勉強を難しく考える人も多いですが、基本は**「×を○に変える」**作業です。
例えば、次のようなケースです。

●間違えた問題を解けるようにした
●知らない単語を単語帳で覚えた
●難しい公式を参考書で理解した

これらは、まさに「×を○に変えた」瞬間です。

間違えた問題や知らなかった単語、理解できなかった公式が「×」であり、それを解決することで「○」に変わります。

さて、あなたはこのような勉強ができていますか？

間違えた問題にきちんと向き合っていますか？　勉強の本質を押さえるために大切なことは、ことは、間違えたときにどう考え、どう勉強するかです。

「うわ、また間違えた。めんどうだな」
「よし、解説を読んで、もう一度挑戦しよう」

この考え方の違いが、勉強の結果を大きく左右します。結果を出している人は、「できなかったことをできるようにする」という考え方を持っています。

誰だって間違えます。大事なのはそのあとです。

「×を○に変える」、つまり、**できなかった問題を放置せず、しっかり解き直して「できる」に変える。**これを続けることで、成績が上がります。

これが「勉強の本質」です。

勉強時間は「量をこなす」ことが大事

勉強の本質とは「できなかったことをできるようにすること」です。

―― 勉強は「×を○に変える」作業 ――

できなかったことをできるようにする

勉強の本質は、
「できなかったことを
できるようにすること」。
「×を○に変える」という
シンプルな作業だ。

間違えた問題に向き合う

間違えた問題に
向き合うことが大切。
間違えたら放置せずに、
しっかりと解き直す。

これを実現するために重要なのが「勉強時間」です。

成績が伸びるかどうかは、どれだけ勉強に時間をかけられるかで決まります。

まずは、**たくさんの量を勉強することで自然と質も向上**します。

いきなり効率的に勉強しようとせず、まずは**「量をこなす」**ことが大事です。時間をかけて量をこなすことで、自分に合ったやり方が見つかり、結果的に質も高まります。

例えば、心理学者のアンジェラ・ダックワース教授は、成功者が他の人より多くの時間をかけて努力を重ね、その時間が成果に結び付いていると述べています。

また、ジャーナリストのマルコム・グラッドウェルは、「1万時間の法則」を自著の中で紹介し、一流になるには約1万時間の努力が必要だと述べています。

受験や資格試験でも、一定の勉強時間を確保することがカギです。大学受験なら1日7時間、司法試験なら合計3000~1万時間の勉強が目安とされています。

要するに、勉強で成功するためには、まずたっぷり時間をかけることが大切です。

焦らず、じっくりと時間をかけることが成功への近道です。

このように勉強で成果を上げるためには、十分な量をこなすことが欠かせません。

しかし、多くの人が結果を出せない理由の1つが、その「量」が足りていないことにあります。

例えば、暗記に関して塾でこんな会話がよくあります。

生徒「覚えられません」
私「何回やった？」
生徒「3回です」
私「え？」

もちろん、3回の取り組みで覚えられる場合もありますが、覚えられない生徒ほど回数が不足しています。まずは、今の勉強量を倍に増やすところから始めましょう。

例えば3回なら6回、必要であればそれ以上繰り返します。

この章の「問題集」や「暗記」の項目でも詳しく解説しますが、**勉強は、できるようになるまで繰り返すことが基本**です。「何回やればいいですか？」という質問もよくありますが、その答えは「できるようになるまで」です。

必要な量は人や内容によって異なりますが、質問してくる人ほど量が足りていないことが多い。だからこそ、「まず倍に増やす」ことを提案しています。**勉強の量を増やせば、必ず結果はついてきます。**量をこなし、自分でできるようになるまで繰り返しましょう。

勉強時間を確保するためには、これまで解説した勉強法を活用しましょう。

例えば、第2章の「時間」を参考に、無駄な時間を削り、計画を立てて1日のスケジュールに勉強時間を組み込みます。

第2章や第3章を参考にして、環境を整え、「作業興奮」や「習慣化」を活用して、すぐに勉強に集中できるようにします。

≫質を高めて効率的に勉強する

「勉強時間」や「量」の重要性についてお話ししましたが、ただ長時間机に向かっているだけでは意味がありません。いくら時間をかけても、成績が伸びなければ、せっかくの努力が無駄になってしまいます。

そこで注目したいのが、勉強の「質」です。

勉強の質とは、限られた時間でどれだけの量を覚えて（インプット）、その知識をどれだけ使いこなせるか（アウトプット）を指します。

「勉強量」＝「時間×質」と表せます。

つまり、**質を高めることで、少ない時間でも成果が出るようになる**のです。

例えば、数学の公式を学ぶとき、ただ覚える（インプット）だけではなく、その公式を使った問題を解くこと（アウトプット）で理解が深まります。

同じ1時間でも、公式を使った練習問題に取り組めば、知識がより定着しやすくなるのです。このように質を重視すれば、短時間でも効率的に勉強できます。

勉強の質をさらに高めるには、理解を深めることも大切です。

理解が進んでいるかどうかの目安は、**「言語化できるかどうか」**です。

つまり、**学んだ内容を自分の言葉で説明できる状態**です。

そのために、**問題と解答を理解して「原因と結果（因果関係）」をしっかり押さえる**必要があります。

例えば、数学の公式をただ暗記するのではなく、「なぜ、この公式が使えるのか」と説明できることが大切です。

「三角形の面積＝$\frac{1}{2}$×底辺×高さ」という公式の理由を、「三角形は長方形の半分だから」と説明できれば、公式の背景も理解できます。

このように**「●●だから、■■になる」というように、原因と結果を言語化することで、理解が深まり、他の問題でも使える応用力も身につきます。**

言語化するためには、次の3つのステップが有効です。

❶ **解説をじっくり読む**　解説を通じて、原因と結果のつながりを理解します。

❷ **徹底的に調べる**　参考書やネット、YouTubeなどで疑問を深掘りします。

❸ **先生に質問する**　自力で解決できない場合は、先生に質問しましょう。質問相手が身近にいない場合は、質問サイトやSNS、学習掲示板、専門分野のオンラインコミュニティを活用すると良いでしょう。

こうして、問題の考え方や解き方を自分の言葉で説明できるようになれば、できなかった問題も解けるようになります。理解を深め、何度も繰り返し取り組むことで、勉強の質が上がり、自然と結果もついてくるのです。

勉強の本質である「できなかったことをできるようにする」ためには、量をこなしながら質を高め、自分に合った勉強法を行うことが重要です。

量と質の両輪で取り組むことで、必ず成績向上につながります。

ポイントと宿題

Points & Homework

- 「できなかったことをできるように」勉強する
- 勉強は時間を確保して量をこなす
- 原因と結果を言語化して勉強の質を高める

Study Method

問題集の考え方

成績爆上げ！問題集の極め方

「問題集を極める」方法をマスター

問題集は勉強するときに必要不可欠です。

成績や偏差値を伸ばす最短ルートは、**「問題集を極める」**ことだと私は思っています。

「どうすれば成績が伸びますか？」

「どうすれば志望校に合格できますか?」

「どうすれば偏差値が上がりますか?」


これらすべての答えは「問題集を極める」の一言に尽きます。

なぜなら、問題集には重要なことがすべて詰まっているからです。

- **理解すべき基本問題**
- **暗記すべき用語**
- **よく出題される問題**
- **問題のポイントや解法**

「問題集を極める」とは、これらの重要事項がすべて頭に入った状態です。

問題集が頭にインストールされていると、テストで問題を解いているときに「これは問題集にあった、あの問題と同じだ」と気がつけます。いわば「脳内カンニング」ができるわけです。まさにチートですね。

だからこそ「問題集を極める」ことは、勉強で結果を出すために重要です。

それでは、ここからは問題集を極めるための方法について解説します。

ただ「問題集を極める」のは難しく、途中で挫折しがちです。

なぜかというと、そもそも「どう極めればいいか」が分からないからです。正しいやり方を知らないと、進め方に迷い、成果が出ません。

例えば、最初は勢いよく進んでも、全体の3割ほどで飽きてしまい、そのまま放置する。他の問題集に目移りして、また途中で止まってしまう。

こうして基礎が身につかず、勉強した割に成果が出なくなります。

この悪循環を断ち切るためには、基本となる問題集のやり方をまず学びましょう。

最終的に、それを自分なりにアレンジしていけば、勉強が効率的に進むはずです。

「戦略」を立てて、問題集を1周する

まず大切なのは、**問題集を解く前に「戦略」を立てる**ことです。

いきなり始めるのではなく、紙とペンを用意して「いつまでに、何ページするか、何周するか」を計画を立てましょう。

例えば、今が「4月1日」だとします。3カ月後の「7月1日までに問題集を5周して極める」と決めます。問題集が100ページなら、100ページを5周して3カ月で仕上げる。このように、ゴールとスケジュールをはっきりさせます。

計画を立てないと期限やノルマが不明確になり、途中で挫折する可能性が高まるからです。

ポイントは次の3つ。

- **いつまでにする？**
- **何ページする？**
- **何周する？**

これら3点を決めれば、戦略は完成です。私の経験上、「5周」すればかなり極められるので、迷ったらまずは「5周」を目標にしてみてください。

問題集の数は、1教科につき「最大3冊」に絞りましょう。

最初は1~2冊でも十分です。5冊も6冊も手を出すと消化不良になりがちですので、まずは1冊を極めることを目標にしましょう。

教材を増やしすぎると挫折しやすくなるので、数を絞るのがポイントです。


戦略が決まれば、いよいよ問題集を進めていきます。

最初に意識すべきなのは、**「とにかく問題集を1周する」**ということです。

正答率は気にせず、スピード重視で進めてください。

時間をかけすぎると、挫折しやすくなります。まずは勢いで1周を目指しましょう。

問題集を進める速さは「1ページ20分」を目安に設定します。

もちろん問題の量や難易度にもよりますが、時間設定をするだけで問題集をダラダラと進めることを防ぎ、集中力をキープできます。

例えば、解説と問題がセットになった演習型問題集なら、次のような配分で進めると良いでしょう。

- **解説を読む＋問題を解く（10分）**
- **丸つけ（2分）**
- **解答の解説を確認（3分）**
- **解き直し（5分）**

こうすると、100ページの問題集なら「20分×100ページ＝約33時間」となります。仮に1日2時間やれば、約16日で1周できます。もっと時間を取れれば、さらに短期間で終わります。

意外に早く1周できそうですよね？

2週間ほど本気で取り組めば、1冊を1周できます。

とにかく重要なのは「スピード」です。

最初の1周目は、正答率よりも「1周する経験」の方が大切です。1周することで2周目以降の勉強が格段に楽になり、効率も上がります。

最も大変なのはこの1周目。集中して、一気に突き進みましょう。

≫正解・不正解を「仕分け」して効率化

1周目は正答率を気にせず、とにかくスピードを優先します。

しかし、ただの作業にしないことが大事です。ここでは、解説と問題がセットになった演習型問題集を例にして、問題集の極め方を解説します。

ポイントは「インプット」と「アウトプット」をしっかり意識すること。**解説を読むのがインプット、問題を解くのがアウトプット**です。

❶ **解説を読む**　まずは1ページ20分を目安に、学習する項目の解説をザッと読みます。多少時間が前後してもかまいませんが、ダラダラと進めないことが大切です。「ふむふむ、なるほど」と軽く理解できれば、次へ進みましょう。

❷ **問題を解く**　解説を読んだら、すぐに問題に取り組みます。ここでも1ページ20分を意識します。丸つけをしたら、解答の解説を読んで解き直しをしておきます。

❸「仕分け」で効率アップ ここで重要なのが「仕分け」です。間違えた問題や、不安ながら正解した問題には、必ず「印」を付けましょう。印の付け方は自由ですが、次のような方法があります。

- **チェックマークを付ける**
- **○印を付ける**
- **蛍光ペンを引いて強調する**

不安ながら正解した問題には、特に注意してください。次に間違える可能性が高いので、印を付けておきましょう。仕分け基準は次の通りです。

- **間違えた問題→印を付ける**
- **不安ながら正解した問題→印を付ける**
- **自信を持って正解した問題→印を付けない**

2周目以降は、「印の付いた問題」だけを解きます。

正解したら印を消し、不正解なら印をそのまま残します。2周目以降は、このようにして印をどんどん減らし、最終的には「印ゼロ」を目指しましょう。

問題を解いて丸つけをしたら、解答の解説を読みます。正解した問題はさらっと、間違えた問題はじっくりと読んでください。解答の解説は最大限理解するようにします。**解答の解説を読む際は、どんどん書き込みましょう。**これが、次に同じ問題や解説を見たときに思い出しやすくする秘訣です。

- **解説を読んで気づいたことを青ペンで書く**
- **自分の言葉で言い換えて書く**
- **暗記事項に蛍光ペンを引く**
- **理解できない部分に赤線を引く**
- **自分なりに図式化して整理する**

効果抜群！ 問題集の極め方

❶問題集の計画を立てる

問題集を解く前に、

「いつまでにする？」

「何ページする？」

「何周する？」

といった計画を立てる。

❷スピード重視で問題集を１周する

問題集に取り掛かったら、
正答率は気にせずに、
スピード重視で１周する。

❸間違えた問題に印を付ける

間違えた問題に
印を付けて仕分けをする。
２周目以降は印の付いた
問題だけを解く。

こうして1周目で残した「仕分けの印」や「書き込み」が、2周目以降の勉強の大きな助けになります。

1周目はスピード重視、2周目以降は間違えた問題だけに取り組む。あとは完璧になるまで繰り返す。この方法によって、勉強効率が飛躍的に向上します。

「スキマ時間」に問題集を解きまくる

次にお伝えしたいのは、問題集を進める上での「心構え」です。

ここまでの手順を実践すると、次のような状態に達しているはずです。

- 問題集の戦略を立てている
- 1周目が完了している
- 正解・不正解の仕分けができている
- 解説への書き込みができている

2周目以降は、戦略をもとに問題集を繰り返し解いていきますが、ここで重要になるのが、**「接触頻度」**です。

問題に何度も触れることで、どんどん「慣れ」が生まれます。慣れた問題は、見ただけでサクッと解けるようになります。

そこで、接触頻度を効果的に増やすために、次のポイントを実践してください。

- **問題集を常に持ち歩く**
- **スキマ時間を使って触れる**

問題集を常に手元に置き、「隙あらば見る」という状態をつくりましょう。

そうすれば間違えた問題や仕分けた問題を、「そうだ、これだ!」と手軽に復習できます。解答を書かず、見るだけで思い出すので、少しの時間でも効率的に勉強できます。

例えば、電車やバスの移動中、昼休みなど、**スキマ時間に問題集をパッと開いてください。ほんの数分でも勉強すれば、問題集をかなり進められます。**

私の高校時代の話ですが、『システム英単語』という単語帳を、通学中にずっと暗記していました。

3年間、触れ続けた結果、『システム英単語』がボロボロになり、表紙は破れ、手垢で汚れ、独特な匂いまでつくほどになりました。

友だちや家族から「何それ、ゴミじゃん」と笑われたほどです。

このエピソードから私がお伝えしたいのは、「問題集をボロボロにしよう！」ということです。

もちろん、すべての問題集をそこまでやる必要はないかもしれませんが、「これでもか！」というくらい問題集に触れ続ける考え方はとても大切です。

「問題集に書いてあることは、すべて暗記していて説明できる」

このような状態にするには、問題集を使い倒す必要があります。

時間の許す限り問題集を手に取って、1日中一緒に過ごすつもりで、やり続けてください。

1冊の問題集が、あなたの勉強人生を変えるかもしれません。

問題集は、言うなれば「運命共同体」です。

あなたの人生を左右する大切なパートナーです。

ポイントと宿題
Points & Homework

- 「問題集を極める」ために「戦略」を立てる
- 問題集をスピード重視で1周する
- 「仕分け」して効率的に問題集を解いて極める

Study Method

暗記の考え方

暗記は「暗記公式」と「量」で覚えまくる！

暗記は幻想を捨てて「量をこなす」

暗記は勉強の基本ですが、正直、手間も時間もかかる大変な作業です。
例えば、大学入試に必要な英単語は約4000~6000語といわれています。
これは、さすがに一夜漬けではどうにもなりません。
あなたは暗記が得意ですか？

おそらく「苦手です」という声が多いはずです。

実際、私が教えている塾でも、生徒たちの暗記に対する悩みは尽きません。

だからこそ、今回は「暗記が苦手！」という人向けに、効率よく暗記を進めるための**「暗記の考え方」**について解説します。


暗記の考え方とは何か？

ズバリ「量」です。

「問題をたくさん解く」「飽きるほど復習する」「何度も繰り返す」というように、**量をこなすことが暗記の本質**です。

私は学生時代、暗記が得意でした。

なぜかというと、圧倒的に量をこなしていたからです。

例えば、英単語のテストに向けて、私の友人たちは2〜3回単語帳を見て暗記しようとしていましたが、私は「みんな天才か？」と思っていました。

私は、10回以上、多いときは20回以上も単語帳を繰り返し見ていたからです。

当然、友人たちはそんなに少ない回数で覚えられるわけがありません。

「暗記なんてめんどうくさい、覚えられない」と嘆いているのを見て、心の中で「そりゃそうだ！」とツッコミを入れていました。

暗記には、それ相応の量が必要です。

ですから、まずは「2～3回で覚えられる」という幻想は捨てましょう。

最低でも5回、多くて10回くらい繰り返す。

内容によっては少ない回数で覚えられることもありますが、それはすでに知識があるか、似たものを覚えていた場合です。

≫「しつこさ」で「長期記憶」に定着させる

暗記で重要なのは**「しつこさ」**です。

人間の脳は1日経つと、学んだことの約70パーセントを忘れるという科学的なデータもあります。英単語を10語覚えても、次の日には3語しか覚えていないのです。

記憶は脳科学的にいうと、「短期記憶」と「長期記憶」に分類されます。

情報はまず短期記憶として保持されますが、すぐに忘れてしまいます。

これを長期記憶に定着させるには、脳に「重要な情報だ」と思わせることが大切です。

そのためには繰り返す必要があり、**何度も同じ情報に触れることで、脳がその情報を重要だと認識して、短期記憶から長期記憶に移行する**のです。

例えば、メモを見ながらパスワードを入力するとき、パスワードは短期記憶に保持されるので、入力が終われればすぐに忘れてしまいます。

しかし、同じパスワードを繰り返し入力しているうちに、「このパスワードは重要」と脳が判断し、長期記憶に移行するのです。

このように、暗記で必要なのが「しつこく繰り返す」です。**忘れるスピードに負けないように、しつこく、何度も繰り返して脳に定着させる**のです。

実際、私もテストで満点を取ったあと、「いや、明日には忘れるかも」と思って、もう一度やっていました。不安になるたびに「もう1回！」と繰り返すことで、自然としつこさが身についていきました。

暗記の理想形は、九九のように、1秒以内でスッと答えが出てくる状態です。

そこまで繰り返せば、暗記が苦手だった人もきっと得意になります。

だから、「何回もやる」という考え方を持って、しつこく繰り返しましょう。

≫効率的な暗記を可能にする「暗記公式」

しかし暗記は、ただやみくもに量をこなせばいいわけではありません。

覚えることが膨大にあるため、効率的な方法が必要です。

そこで私が提案するのが、次の**「暗記公式」**です。

● 暗記公式＝テスト×回数

この公式のポイントは**「テスト」と「回数」**です。

まずは「テスト」について解説します。

暗記で重要なのは、覚えたこと（インプット）を実際に思い出す（アウトプット）作業です。アウトプットすることで、脳は「重要な情報だ」と判断し、記憶に定着しやすくなるからです。

例えば、英単語を覚えるなら、単語を見てその日本語の意味を答える、といった簡単なテストを何度も行います。

暗記の近道は**「覚える→答える」という作業を何度も繰り返す**ことです。
ぼーっと見ているだけでは、なかなか記憶に定着しません。
問題を見て、頭を使って答えを思い出すことが大切なのです。

暗記テストの方法と使える道具についてお話しします。
暗記テストの方法と道具は、次のようなものが代表的です。

- **赤シート**
- **単語カード**
- **まとめノート**
- **参考書や問題集**
- **コピー用紙**
- **暗記アプリ**

私の塾で学年1位を取った生徒たちは、赤シートや単語カード、まとめノートなど、それぞれ自分に合ったやり方で成果を上げていました。大切なのは、自分に合った方法を見つけることです。

もし何を選べばいいかわからない場合、まずは**赤シートや単語カードから始めてみてください。**これらは暗記の定番で、ハズレが少ないのです。

赤シートの場合は教科書やプリントの覚えたい部分にマーカーを引き、その部分を隠してテストします。手間をかけずにテストの問題と解答が作成できて効率的です。

他にも次のような暗記テストの方法がおすすめです。

❶**単語カードでテスト**　表に問題、裏に答えを書いて、自分に出題。覚えたものはカードを外していく。

❷**問題集で実戦練習**　答えを隠して問題を解き、間違えた部分はしっかり復習する。

❸**ネットで問題をダウンロード**　ネットから問題をダウンロードして、手間とお金をかけずにテストする。

❹ 暗記アプリでスキマ時間活用

アプリで問題を解いて、スキマ時間でサクッと暗記する。

暗記テストを行うときは、後述する「仕分け」と「関連づけ」を活用します。テストをして覚えられないものだけを仕分けします。その際、自分の知識と結び付けられるかを考えます。関連する知識をメモして答えに付け加えておくと、効果大です。このような方法を組み合わせて、効率よく暗記を進めていきましょう。

暗記の効率を上げるための**「仕分け」**について解説します。

先ほど取り上げた「問題集の仕分け」と同じように、次の3つに分類します。

- **暗記していないもの→印を付ける**
- **暗記しているか不安なもの→印を付ける**
- **暗記したもの→印を付けない**

例えば英単語帳なら、「apple」のように確実に覚えている単語は「暗記しているもの」に分類し、もう暗記する必要はありません。

「暗記していないもの」や「暗記しているか不安なもの」に印を付け、絞り込んで暗記を進めていきます。

2回目、3回目とテストするときは、印の付いたものだけ答えていき、暗記できたものは印を消していく。こうすることで、覚えていない単語だけを効率的に暗記できるようになります。

次は**「回数」**について解説します。

テストを1～2回やっただけでは、瞬間記憶の使い手でもなければ覚えられません。

5回は繰り返しましょう。

私が学生時代、テストをするときは、10回以上は繰り返していました。

具体的には、「テストして間違えた部分は、正しい答えを赤ペンで書き込み、覚える」。

これが1セットです。それを何度も繰り返すことで、記憶に定着していきます。

暗記が苦手という人は、テスト回数が足りないか、テスト自体をしていないかです。

暗記はテストの回数を重ねれば必ず覚えられます。

≫暗記効率を爆アップさせる「関連づけ」

ここからは便利な暗記方法を解説します。

手間や時間を減らして暗記しやすくするためには、**「関連づけ」**を活用しましょう。

おすすめなのが、**「自分の知識との紐づけ」**です。

例えば「splat」という英単語。

「ピシャッという音」という意味ですが、それだけだと覚えにくい。

ここで自分の知識を使います。「スプラトゥーン」というゲームを知っていれば、ゲーム中の「インクが飛び散る音」を思い出すと、記憶に残りやすくなります。

こうやって自分の知識と紐づけることで、効率的に暗記できます。

暗記の定番ですが、**「語呂合わせ」**も効果的です。

丸暗記が必要な用語や名称も、語呂合わせを使えば覚えやすくなります。

例えば、日本史で平城京の遷都を「なんと（710年）大きな平城京」と覚えれば、耳に残りやすく、頭の中に映像が浮かんで記憶力もぐんとアップします。

さらに、語呂を声に出して唱えると、記憶の定着がさらに加速します。

例えば、「なんと大きな平城京！」と何度も唱えれば、音もイメージもダブルで記憶に残ります。

唱えることで視覚だけでなく聴覚も使うため、脳により多くの刺激が加わるからです。語呂合わせは、インプットだけでなくアウトプットもしやすくなる点が、さらに暗記効率を上げます。

例えば、試験中に「平城京の遷都はいつだっけ？」と考えたとき、「平城京は大きな都……」というイメージから「なんと大きな平城京！」と思い出せれば、脳から答えが引き出せます。思い出しやすさがアップするのです。

こんな風に、語呂合わせを活用して暗記を効果的に行ってみてください。

「自分の知識との紐づけ」や「語呂合わせ」以外の関連づけの方法を簡単に解説します。「関連づけ」は情報を結び付けることで、記憶に定着させやすくする方法です。これら

暗記は「暗記公式」と「量」で決まり！

暗記には「量」と「しつこさ」

暗記では、何回も繰り返す「量」と「しつこさ」が大切。

「暗記公式」でテストする

「暗記公式＝テスト×回数」を活用して効率良く暗記する。
暗記できるまで、
覚える→答えるという形式でテストを繰り返す。

関連づけて暗記する

「関連づけ」を使うと、手間や時間を減らして暗記しやすくなる。
「自分の知識との紐づけ」や「語呂合わせ」などが効果的。

の方法を組み合わせて、受験勉強やテストの準備に役立ててください。

❶ **図表を使う**　情報を視覚化することで、頭の中にイメージとして残りやすくなります。データや流れを図表やフローチャートなどにまとめると、理解が深まり、記憶に定着しやすくなります。

❷ **ストーリー化する**　覚えたい情報を物語の一部として組み込むことで、映像として記憶できます。例えば、「人世むなしい（1467年）、応仁の乱で京都が荒廃」と物語調にして覚えると、頭に入りやすくなります。

❸ **イメージ連想法**　覚えたい情報に関連する画像を探し、その画像と記憶を結び付けます。例えば、英単語「cucumber」を覚える際に、実際のキュウリの画像を見ながら暗記することで、視覚的な連想が強まります。

❹ **音楽やリズムに乗せる**　単語やフレーズを音楽に乗せて覚える方法です。言葉の響

きと一緒に記憶に残りやすくなります。例えば、「eat, ate, eaten」のような英語の不規則動詞はリズミカルに覚えると効果的です。

ポイントと宿題

Points & Homework

- 暗記は「しつこく」「量」をこなして覚える
- 「暗記公式＝テスト×回数」を繰り返す
- 「関連づけ」を活用して効率的に暗記する

Column 4

効率が悪いからダメ！「やってはいけない勉強法」

≫非効率な勉強はストップ！ 効率的な勉強にシフトしよう

ここでは、避けるべき**「やってはいけない勉強法」**を解説します。

勉強しているのに成果を感じられない方は必読です。

効率的に学ぶためには、まず非効率な勉強法をやめることが重要です。

もし「やってはいけない勉強法」を行っていたら、すぐにストップして、効率的な勉強にシフトしてください。

●作業的勉強

「作業的勉強」とは、単に作業しているだけで実際には何も身につかない勉強法です。

例えば、授業はぼんやり聞くだけ、教科書は目で追うだけ、ノートはただ書き写すだけ。こんな状態で「勉強した気」になってしまうことがよくあります。

こうした「ただやっただけの勉強」では、成績は上がりません。

この状況から脱するには、「身につく勉強」をすることです。

授業の要点を自分の言葉でまとめたり、教科書の内容を復習してテストしたりすることで、知識が定着し、成績向上につながります。

●マルチタスク

勉強中の「マルチタスク」は非効率です。

例えば、音楽を聴いたり、テレビをつけたままにしたり、スマホをいじったりしながら勉強すると、集中力が分散してしまいます。脳は一度に複数の作業をこなすのが苦手なので、**勉強は「シングルタスク」が基本**です。１つの課題に全集中し、終わったら次に移る。このシンプルな流れが、最も効率良く勉強を進める方法です。

気が散る誘惑物、特にスマホは視界に入れないか、手の届かないところに置いておきましょう。例えば、勉強中はスマホを別の部屋に置いたり、通知をオフにしたりするなどの工夫をしてみましょう。

●ノウハウコレクター

「ノウハウコレクター」とは、勉強法や参考書をたくさん集めるだけで、実際にはほとんど勉強していない人のことを指します。

勉強法や参考書は「道具」に過ぎず、実際に使ってみないと効果は得られません。**大切なのは、「知っている」ことよりも「やっている」こと**です。

まずは1つの勉強法を選び、徹底的に使ってみましょう。試行錯誤を重ねれば、「この方法なら完璧にできる」という自分に合った方法を見つけられます。

このような「やってはいけない勉強法」を見直し、非効率な方法を排除することで、より効率的に勉強できるようになります。

第5章

得点アップ確実！「授業暗記術」で勉強を超効率化

Study Method

ミスの考え方

「危機意識」でミス激減&得点アップ

「ミスした」ではなく「間違えた」と認める

この章では、勉強効率を高めるための「ミスの考え方」と「授業の考え方」について解説します。

どちらも、勉強の質を向上させ、理解を深めるために欠かせない考え方です。

また、「ミス」や「授業」における具体的な実践テクニックも紹介しますので、日々の勉強にぜひ取り入れてみてください。

まずは、勉強における**「ミスの考え方」**について解説します。

この考え方は少し難しく感じるかもしれません。

実際、挫折したり、拒否反応を示したりする人もいるでしょう。

しかし、この考え方を身につければ、確実に高得点が狙え、勉強の成果が出るようになります。ぜひ挑戦してみてください。

生徒から、こんな言葉をよくもらいます。

「ミスをしました」

この言葉を耳にするたびに、私は心の中で「は？」と思ってしまいます。

実際に「は？」と言い返すこともあり、生徒の間では「ミス」という言葉が私の前で禁句になっているほどです。

ここで生徒がいう「ミス」とは、読み間違いや計算間違いといった、「注意すれば防げたもの」です。俗にいう「ケアレスミス」です。

生徒は「本当は正解できたけど、たまたま不注意で不正解になっただけ」と考えているのでしょう。

しかし、**不注意のミスだろうが、うっかりミスだろうが、結局は「間違い」です。**

勉強不足で答えられなかった場合も、答えられたのにミスした場合も、結果的には同じ「×」です。

当然、テストではどちらも失点になります。

受験では1問の失点で不合格になることもあります。

ここで重要なのは、**「間違えば×になる」という事実を受け止めること**です。

これを真剣に考えている生徒は、本当に少ないのです。

だからこそ、本来は「ミスをしました」ではなく、「間違えました」と言うべきなのです。

「ミス」という言葉は、自分を正当化する言い訳に過ぎません。

自分の間違いを正当化すると、同じミスを繰り返すはめになり、成績はなかなか上がりません。まず「間違えました」と認めることで、成長するチャンスが生まれます。

勉強で大切なことは、ミスを分析し、改善して「正しい考え方」を持つことです。

強固な考え方があってこそ、効果的な勉強法が身につくのです。

これからは、**ミスをしたら「間違えました」と素直に認め、その上で「どう改善しようか？」と考えてみてください。**

このシンプルな意識の転換だけで、ミスはぐっと減っていくはずです。

「危機意識」がミスを防ぎ、得点を上げる

次に、ぜひ知っておいてほしい「ミスの本質」について迫っていきます。

「そもそも、なぜ人はミスをするのか？」

あなたは考えたことがありますか？

ここで一度、本書を閉じて、少し考えてみてください。

私の結論は、**人がミスをおかす理由は「危機意識が足りないから」**です。

では、なぜ危機意識が足りないとミスが発生するのでしょうか？

その仕組みを解説していきます。

ここでいう危機意識とは、次のような意識のことを指します。

- 危機感
- 恐怖
- 不安

一見、ネガティブな意識に感じるかもしれません。

しかし実際にはミスを防ぎ、テストの点数を上げるために非常にポジティブな役割を果たします。

「どうすればテストの点数が上がりますか？」と質問されたら、私はよくこう答えています。

「危機意識を持ってください」と。

あなたは、テストの点数を上げるための勉強法やテクニックを学んでいるかもしれません。もちろんそれらも大切です。

ただ、「危機意識」が欠けていると、いくら勉強してもミスが減らず、結果的に失点してしまいます。

そして、「こんなに勉強したのに成績が上がらない……」という結果に陥る可能性もあります。

しつこいようですが、まず必要なのは「考え方」です。勉強法やテクニックも重要ですが、それを活かすためには、しっかりとした考え方があることが前提です。

どんなに勉強しても、テスト当日にミスをしてしまえば結果は出ません。

だからこそ、最後の最後まで徹底して気を抜かずに、ミスを防ぐことが重要なのです。

「そこまでやる必要があるのですか？」と言われそうですが、「はい、あります」と断言します。

そうしなければ勉強で成果を得られず、本書を読んだ時間が無駄となり、これまでと同じ状況が続いてしまうかもしれません。

そうなれば、勉強や人生で成功をつかむことはできません。

どうでしょうか？

少しは危機意識が芽生えましたか？

「やばい、ミスを防がなきゃ！」と感じたら、それが「危機意識」です。

そしてその意識こそが、ミスを防ぎ、結果を出すための最大の武器になります。ぜひ忘れないでください。

勉強するときには、先ほど解説した危機意識を必ず持ってください。

具体的には、**常に「本当に合っているだろうか？」と自分の解答を疑うこと。**

そうすると、自然と慎重に問題を解くようになります。

例えば、次のような問題の解き方です。

- **問題を1回解いたら、もう一度解いてみる**
- **問題文の一文一文を熟読し、重要な箇所に印を付けながら丁寧に理解する**
- **問題文に線を引いたり、大きな字で見やすくメモを書いたりする**

こうした解き方が、ミスを減らしてくれるのです。

危機意識を持って、自分の解答を疑い続けると、自然と勉強のやり方も変わってきます。勉強法は、危機意識に基づいて自分に合った形に進化していくものです。

だからこそ、危機意識を持つことで、自分にとって本当に価値のある勉強法が見つかるのです。

≫ミスを分解して原因と改善点を探る

最後に、「ミスしたときの対処法」を解説します。対処法は次の1つだけです。

ミスを「分解」してください。

間違えた問題やその解答をバラバラに分けて、原因を探っていくのです。

例えば、英語の動詞の問題で、「過去形にすべきところを現在形にしてしまった」というミスがあったとします。

そのミスの原因をいくつかに分解して、書き出します。

- **問題文の日本語の語尾を見ていなかった**
- **焦っていて問題文をよく読んでいなかった**
- **過去を表す語句に気づいていなかった**
- **問題を簡単だと油断していた**

このように原因を分解したら、それぞれの改善点を考えて書き出します。

● 問題文の日本語の語尾を見ていなかった
↓ **（改善点）日本語の語尾に下線を引く**
● 焦っていて問題文をよく読んでいなかった
↓ **（改善点）急いでいるときほど落ち着いて、問題文に線を引きながら読む**
● 過去を表す語句に気づいていなかった
↓ **（改善点）過去を表す語句に○を付ける**
● 問題を簡単だと油断していた
↓ **（改善点）どんな問題でも危機意識を持ち、必要に応じてもう一度解く**

こうやって原因と改善点を書き出します。

次回から問題を解く際に、この改善点を実践していけば、動詞の時制でミスすることは少なくなるでしょう。

このように**「分解して原因と改善点を書き出す」**習慣をつければ、自然とミスは減っていきます。

さらに、**ミスだけを集めた「ミスノート」をつくる**のもおすすめです。

ミスノートには次のような効果があります。

- **ミスのパターンが見えるようになる**
- **次にどんな勉強をすればいいかが明確になる**
- **「もうミスを書きたくない！」という気持ちが芽生える**

ミスパターンをストックしておけば、次に同じような問題が出たとき「あ、これは前にミスした問題だ！」と気づくようになります。

すると自然と慎重になり、ミスが減るのです。

さらに、ミスノートを書くことで「現在の勉強の課題」や「どうやってミスを改善すればよいか」も見えてきます。

先ほどの例なら、「語尾に下線を引く」や「過去を表す語句に○を付ける」といった具体的な改善策が生まれます。

こうしたプロセスこそが「ミスの対処法」です。

そして、この作業を繰り返していくと、いずれこう感じるはずです。

「ああ、ミスノートを書くのがめんどうくさい！」

そうです。間違えるたびにミスを分解して、書き出すのは正直めんどうです。

だからこそ、「もうミスしたくない」と強く思うようになります。

「ミスしたらミスノートを書かないといけない」というルールにすれば、「ミスのノートを書く」という「罰ゲーム」が待っているので、ミスを避けようとする心理が働くのです。

「もう書くのがめんどうだから、ミスしたくない！」という気持ちを逆手に取って、ミスを減らしていくのが「ミスノート」の効果の1つです。

最初は少しめんどうかもしれませんが、本気でミスを減らしたいのであれば、ぜひ試してみてください。

効果は保証します。

ポイントと宿題

Points & Homework

- 「ミス」を「間違い」と認めて、原因と改善点を書き出す
- 「危機意識」を持って解答を疑い続ける
- ミスパターンを集めた「ミスノート」をつくる

Study Method

授業の考え方

授業は「聴く」「理解」「暗記」の三段構え

≫「授業」で重要なのは「理解すること」

ここからは**「授業の考え方」**について解説します。

社会人や受験生で塾や予備校に通っている方はもちろん、独学で勉強している方もぜひ参考にしてください。

普段の授業を受けるときに、この考え方が必ず役立つはずです。

また、YouTubeで教育系の動画を視聴する際にも、ここでお伝えするポイントを押さえていただけると、より効果的に勉強できます。

さて、あなたは授業で一番大切なことは何だと思いますか？

私の答えはシンプル。**「理解すること」**です。

「よし、わかった！」「なるほど、そういうことか！」と納得する瞬間がなければ、授業は受けただけで終わり。勉強としては不十分です。

現役の学生も、社会人で授業を受けている方も、これから授業を受けるときは「理解しよう」「納得して終わろう」という考え方で挑んでください。

ここで少し怖い話をしますね。

もし授業を理解できなかったら……どうなると思いますか？

「やばい、全然わからなかった」「何を言っているのか理解できなかった」という状態になれば、当然、そのあとの勉強や宿題、復習ができません。

つまり、授業後に行う自学自習ができなくなるのです。

結果として勉強が進まないので、成績も上がりません。

授業を理解不足で終わらせると、先へ進めなくなります。

勉強のスタートは「授業」です。授業内容を完璧に理解することが大切です。

ここでつまずくと、最終的な「成績向上」というゴールに到達できません。

授業を大切にしましょう。

ボケっとあくびをして、先生の話を聞いている場合ではありません。

神経を研《と》ぎ澄《す》まし、理解に全集中してください。

毎回、**授業後に「よし、わかった！」という状態を目指してください。**

≫授業は「聞く」ではなく「聴く」

「授業を理解することが重要」とわかったら、次に授業で必要なのは「聴く」ことです。

ただ「聞く」のではなく、しっかり「聴く」姿勢が大切です。

「聴く」とは、話の内容に意識を向けて、理解しようとする行為です。

一方で「聞く」は、ただ音が耳に入っているだけの状態を指します。

授業中は、先生の話を「聴く」ことで初めて内容をしっかり理解できるのです。

これまで1000人以上の生徒を指導してきましたが、成績が良い生徒ほど「聴く力」が優れていました。

彼らはただ音を聞くのではなく、頭をフル回転させながら、内容をしっかりと理解しようとします。

では、あなたは授業中に何を考えていますか？

「今日の晩ご飯は何かな？」「帰ったらゲームをやろう」と他のことを考えていたら、それは「聞く」状態です。

一方で、「この授業のポイントは何だろう？」「なぜこうなるのだろう？」と授業内容に集中しているなら、それは「聴く」状態です。

授業中は、次の3つを意識して聴いてください。

- **授業のポイントは何か？（本質）**
- **なぜそうなるのか？（理由）**
- **その結果どうなるのか？（結果）**

授業には、覚えるべき**「ポイント」が必ずあります。それを逃さずに「聴く」ことで、授業内容をしっかり理解できる**ようになります。

さらに、授業を深く理解するためには、**「原因（理由）と結果」の因果関係を意識すること**がとても重要です。

第4章の「勉強の本質の考え方」でも解説しましたが、授業でも「●●だから、■■になる」という原因と結果を押さえることが大切なのです。

「なぜ?」という疑問を解決することで、理解力がぐっと深まります。

例えば、数学の問題を考えてみましょう。

問題を解くとき、ただ「答え」を暗記するのではなく、「なぜその答えになるのか?」、つまり「解き方（理由）」を理解することが大切です。

解き方が「理由」で、答えが「結果」です。

解き方を理解していないと、他の問題に応用できません。

だから、「なぜその答えになるのか?」を考えることが、真の理解につながります。

例えば、方程式で「X＝2」という答えが出たとします。

ここで大切なのは、答えになる過程で「なぜそのポイントを使うのか?」「なぜその式を使ったのか？」という理由を理解することです。

理由を理解することで、他の問題にも応用できる力が身につきます。

このように、授業の内容を理解するためには、常に「なぜそうなるのか？」を考え、理由と結果を明らかにすることが大切です。

授業後に目指すべきは、**「授業のポイントを押さえ、理由と結果の関係を理解している状態」**です。

これを意識することで、授業の受け方がぐっと変わり、授業後の勉強が非常にスムーズに進みます。

≫授業中は「書く」ことを最小限に留める

ここまで授業について「聴く」ことに重点を置いて解説してきましたが、授業中にはもう1つ行う作業があります。

それは「書く」ことです。

授業のポイントをメモしたり、先生の解説をサッと書き込んだりします。

授業ではこの「聴く」と「書く」のどちらが重要でしょうか？

「聴く」の方が「書く」よりも圧倒的に重要です。

授業中に「聴く」に集中していると、理解力が格段に上がります。

しかし、実際には多くの人が「書く」に集中しがちです。ここで差が生まれます。

聴きながら書くと、深い理解の妨げになってしまいます。

人はマルチタスクが苦手で、一度に1つのことにしか集中できません。脳科学でも、マルチタスクが作業効率を下げることがわかっています。

授業中に必死にノートをとっていると、先生の話に集中できません。

結果、「ノートはきれいに書けたけど、内容はよくわからなかった」といった残念な事態に陥ります。

さらに、後でノートを見返しても、「なんでこうなるんだっけ？」と迷宮入りしてしまうこともあります。

だからこそ、授業中は「聴く」ことに集中して、理解を深める方が重要なのです。

もちろん、授業中は多くの情報が飛び交うため、処理しきれない場合はノートやメモを取ることも大切です。

授業は「聴く」と「理解する」が大事

授業はしっかりと理解する

授業で大切なのは
「理解すること」。
授業後に
「よし、わかった！」
という状態を目指す。

授業は「聴く」ことに集中する

授業は集中して
「聴く」ことが大事。
聴きながらポイントや
因果関係を押さえると、
理解が深まる。

「書く」ことは最小限にする

聴きながら書くと、
深い理解の妨げになる。
書くことは最小限に留めて、
聴くことに集中する。

ただし、**書くことは最小限に留めて、先生が話し始めたら、すぐに「聴く姿勢」に戻ってください。**

「聴く」ことに全集中して、理解することにこだわりましょう。

これが授業の受け方の基本です。

≫授業を暗記して勉強を超効率化

少し難しく感じるかもしれませんが、ここから解説する考え方を授業中に実践すれば、勉強が超効率化します。

私は偏差値70を超える生徒をたくさん見てきましたが、彼らは次の考え方を実践しています。

●授業は暗記するためにある

この考え方は、「授業は理解が重要」ということを前提とします。

授業を理解できているなら、その内容を暗記してしまうのがベストです。

ちなみに、あなたは授業後に復習をきちんとしていますか？

授業後の復習は、とても大切です。

授業の内容を復習することで記憶に定着し、理解も深まります。

その結果、次の授業もスムーズに理解できます。

しかし、実際にしっかり復習をしている人は少ないと思います。

多くの人が復習しない理由として、「時間がかかる」「めんどうくさい」「すぐに効果が見えない」「授業だけで理解できたと感じる」などが挙げられます。

そういった現実を踏まえて、私は生徒にいつもこう伝えています。

「授業中に覚えなさい。あとで復習すればいいと思うから、今に集中できないし、理解も暗記もできない」

そうすると、生徒は集中して聴くようになり、理解と暗記に努めます。

その結果、授業後の宿題で解ける問題が増え、成績も向上していきます。

授業中は「授業後に復習するから」と考えずに、その瞬間の授業を大切にしてください。

塾や予備校で受けるライブの授業は、二度とない授業です。

一生に一度の授業なのです。

そう考えることで、先生の話す内容を一言一句、聞き漏《も》らさずに聴けるはずです。

少しがんばって、授業の中で内容を暗記してみてください。

1つでも暗記できれば、授業後の復習時間が短縮されます。

さらに1つでも増やせれば、また時間の短縮になります。

これを繰り返せば、勉強は超効率化します。

授業中に暗記するためにも、「聴く」ことが重要です。

先生が話している内容すべてを聴くこと。

これができないと、授業内容が頭に入ってこないので、暗記も難しくなります。

先述した「ポイントは何か？」などを意識して、先生の話をよく聴いてください。

また、授業中に「わかった！」と感じる瞬間はとても大切です。

心理学的には、こうした**「わかった！」という感覚を「アハ体験」と呼びます。**

この体験があると**脳が快感を覚え、その結果、理解した内容がしっかり記憶に残りやすくなる**のです。

勉強を超効率化！ 授業を暗記

授業中に暗記

授業中に内容を
暗記すると、
復習する時間を短縮して、
勉強を効率化できる。

「アハ体験」で暗記

「アハ体験」と呼ばれる
「わかった！」という
感覚があると、
脳が快感を覚えて、
その理解が記憶に残る。

暗記テクニックを活用

授業中に使える
暗記テクニックを活用する。
例えば、自分の頭の中で
授業の内容を質問して
答えを考えると、
理解が深まり、
記憶にも定着する。

なぜ「理解」が暗記に有効なのかというと、理解した情報は脳内で他の知識と結び付きやすく、記憶として定着しやすいからです。

このため、**授業中に「わかった!」と感じる瞬間を積み重ねることが、記憶力を高める大きなポイント**になるのです。

単なる暗記よりも、理解を深めることで長期記憶にしっかりと残り、さらに応用もきくようになります。

最後に**授業中や授業後に使える暗記テクニック**の例を挙げます。

これらの方法を試すことで、授業内容の暗記がより効果的に行えるはずです。

自分に合った方法を見つけて、取り組んでみてください。

●自分に質問する　授業内容に対して、「何が重要なポイントなのか?」「どうやって解くのか?」などと自分に質問して、答えを考えてみましょう。このように自問自答すると、理解が深まり、記憶にも定着しやすくなります。

- **視覚化する** 先生の説明を思い浮かべながら、頭の中で具体的なイメージをつくりましょう。図やグラフを想像することで、記憶に強く残る効果があります。実際に自分の手で図やグラフを書いてもかまいません。
- **メモを取る** 重要なポイントや気づいたことを簡潔にメモしておくと、あとで振り返りやすくなります。手を動かすことで思考が活性化されるため、記憶力が向上します。ただし、メモ取りに夢中にならないように気をつけましょう。
- **頭の中で思い出す** 授業中に聞いた内容を自分の言葉で思い出してみると、短期記憶が強化され、長期記憶に変わりやすくなります。数分おきに重要なポイントを振り返るだけでも、十分暗記できます。
- **声に出して確認する** 授業中にキーワードやポイントを小声で繰り返すことで、耳からも記憶に入ります。声に出すことで脳がその情報を整理しやすくなるので、周囲に迷惑をかけない範囲で試してみましょう。

● 人に説明する　授業で学んだことを友人などに簡単に説明することで、理解力と記憶力が高まります。誰かに教えることで自分の理解度を確認でき、記憶がより強化されます。人の代わりにノートに説明を書いても効果的です。

このように、「授業中に暗記する」という考え方で授業に臨んでください。

そうすれば、授業後の勉強が驚くほどスムーズに進み、大量の問題が解けて、成績や偏差値を上げる勉強ができるはずです。

ポイントと宿題
Points & Homework

- **授業は「聴く」ことに集中して内容を理解する**
- **授業は「本質」「理由」「結果」を捉える**
- **授業内容を暗記して勉強を超効率化する**

第6章

成功を手に入れる「合格直結」の心構え

Study Method

合格の考え方

合格に直結する受験の心構え

準備を怠った者に合格はない

いよいよ本書も終盤です。ここでは**「合格の考え方」**に焦点を当てます。
少し抽象的なテーマですが、受験ではとても重要なことです。
この考え方を理解すれば、あなたの勉強に対するアプローチが変わるはずです。

まず、率直にお伝えします。

●受験で合格するかどうかは誰にもわからない

私は10年以上塾講師をしてきましたが、合否は本当に最後までわかりません。「この子は余裕だろう」と思った生徒が不合格になることもあれば、「この子は難しいかな」と思った生徒が合格することもあります。

受験はスポーツの試合に似ています。

何が起こるかわからない試合と同じように、受験も最後の最後まで何が起きるかわかりません。

試験前に気を緩《ゆる》めたり、サボったりしてしまうと、せっかくの努力が水の泡になりかねません。

最後まで全力を尽くせば、良い結果を引き寄せる可能性が高まります。

以前、私の塾に偏差値70の公立高校を志望する生徒がいました。

小テストの成績が悪く、「何をしてるの？ そんな点数じゃ合格できないよ」と厳しく指導しました。

しかし、翌週の小テストでも結果は変わりませんでした。1週間で何も改善されなかったのです。

そのとき、私は「あ、この子は終わったな……」と思いました。

結局、彼は第1志望校に落ちてしまい、併願で受けた私立高校に進学しました。

この事例からもわかるように、たとえ小テストでも勉強を怠ると、やがてその「気の緩み」が癖になり、元に戻れなくなります。

気の抜き方を覚えると、受験直前になっても最後のひと踏ん張りがきかなくなります。

結果として、自ら不合格の可能性を高めてしまうのです。


受験には「運」もあります。

例えば、運良く補欠合格で繰り上がった生徒もいます。

逆に運悪く、倍率が急に上がって不合格になった生徒もいます。

ただし、ここで強調したいのは、「運に頼って勉強しないこと」です。

なぜなら**「運よりも必要なもの」**があるからです。それは何か?

その答えは明確です。**「どれだけ準備をしたか」**です。

これまで解説してきた目標設定、時間管理、メンタルケア、問題集の解き方など、すべては合格に向けた準備です。

確かに運は受験の結果に影響しますが、最終的に**自分でコントロールできるのは「準備」と「行動」です。**

しっかり準備をしておけば、運に影響を受けるリスクを減らせます。

理想は、受験直前に「もうやり残したことは何もない」と自信を持って言えること。ここまで準備できれば、運に左右されずに、合格に向かって突き進めます。

準備を怠った者に合格はない。

受験生を10年以上指導して痛感している事実です。

「根性論2・0」は成功するための持久力

ここで、少し**「根性」**の話をしましょう。

根性論と聞くと、「昭和の精神論か……」と思うかもしれません。

しかし、ここでいう「根性」は、単なる気合や精神力だけで押し切る話ではありません。

「根性」とは、困難な状況でも粘り強く努力を続ける力です。

最初はうまくいかないことがあっても、あきらめずに目標に向かって進んでいく。

これが本当の意味での「根性」です。

心理学の世界では、この「根性」に似た概念を「グリット（Ｇｒｉｔ）」と呼びます。

スタンフォード大学のアンジェラ・ダックワース博士が提唱した理論で、情熱と粘り強さこそが成功のカギだとされています。

つまり、昭和の精神論が進化した**「根性論2・0」**は、**「成功するための持続力」**として科学的にも裏付けられているのです。

受験は短期間で結果が出るものではなく、長期にわたる取り組みです。

毎日の小さな努力の積み重ねが、やがて大きな成果につながります。

途中でうまくいかない時期があるかもしれませんが、そこであきらめず、淡々と正しい行動を積み上げることが「根性」の本当の力です。

例えば、以前指導した生徒の話です。

彼は最初、偏差値がかなり低く、成績も思うように伸びない状況でした。

でも、彼には「絶対にあきらめない」という強い意志がありました。

毎日、成果につながる勉強をコツコツと続けた結果、見事に志望校に合格しました。

まさに「根性」が勝利を呼び込んだ瞬間です。


「根性」というのは、決して一発勝負の気合いだけではなく、長期間の持久力です。これが最終的に結果を左右します。


「根性」を鍛えることは、筋トレと似ています。

筋肉をつけるには、1回のトレーニングでは成果は見えません。

でも、毎日少しずつ続けることで、確実に成果が現れます。

勉強も同じことがいえます。例えば、英単語を1日10単語だけでも覚えれば、100日で1000単語も覚えられます。


毎日の小さな努力が、合格への道をつくるのです。

そして、もう1つ「根性」のいいところがあります。

それは、最終的に**安心感と自信を与えてくれる**ということです。しっかり準備してきた受験生は、受験直前に「もうやり残したことは何もない」と思えるのです。

この安心感が、試験でベストを尽くすための大きな力になります。

「根性」は、ただの気合いだけではありません。粘り強さと毎日の努力の積み重ねです。

もし今、勉強に苦しんでいるなら、それは「根性を鍛える絶好のチャンス」です。

小さな一歩を信じて、今日も一歩前に進みましょう。

そして、受験までの残された時間を無駄にせず、全力で準備してください。

やれることをすべてやり、後悔がない状態で試験に臨むこと。

それが、合格を手繰り寄せる方法です。

周囲を気にせずに「自分」を信じる

受験や資格試験の勉強中、周りの状況に心を乱されることがありませんか？

学生ならクラスメイトや友人、社会人なら同僚や家族の反応が気になってしまい、自分のペースが乱れることもあるでしょう。

でも、ここで重要なのは、**自分の目標に集中すること**です。

他人と比べたり、周りの様子に振り回されたりすると、自分の目標に集中できず、気づかないうちに準備が中途半端になりがちです。

私もこれまで、そういった原因で試験に失敗した人をたくさん見てきました。

あなたにはそうなってほしくありません。

試験結果を左右するのは外的な要因ではなく、あなた自身の行動と心の持ち方です。

家族や友人、職場の仲間、先生への感謝の気持ちはもちろん大切です。

しかし、**最終的に試験で力を発揮するのは「自分」**です。

勉強中は、誰しも不安や迷いを感じる瞬間があります。

例えば、こんなことを考えてしまうことはありませんか？


「この勉強法で本当に大丈夫だろうか？」

「今やるべきことって何だろう？」

「勉強しないといけないけど、やる気が出ない……」

「スマホを触りすぎた……やばい」


これらの悩みや不安は自然なものです。

しかし、大切なのはそのときにどのように考え、行動するかです。
ここでは、**簡単で効果的な不安対策**を紹介します。
不安や迷いが生じたときに、ぜひ試してみてください。

● **深呼吸でリセット** 不安や焦りを感じたら、ゆっくりと深呼吸をして気持ちをリセットしましょう。深呼吸は、さまざまな場面で効果的なメンタルケアです。

● **5分間リフレッシュ** 集中が切れたと感じたら、5分間の軽い休憩やストレッチで気分をリフレッシュしましょう。短い休憩が良い気分転換になります。

● **やるべきことリスト** やるべきことをリストに書き出し、優先順位を明確にします。項目は5つ以内に絞ると効果的です。頭が整理され、行動しやすくなります。

● **デジタルデトックス** スマホやタブレットを机から遠ざけ、集中できる環境をつくりましょう。ポイントは、デジタル機器を「見ない」「触れない」ことです。

しっかり寝る　不安や眠気を感じたときは、無理せずに眠り、頭をリセットしましょう。適切なタイミングでしっかりと睡眠を取ることも、勉強に良い影響を与えます。

試験の結果を決めるのは、他の誰でもなく、あなた自身の行動と意志です。**周りに振り回されることなく、自分のペースで準備を進めましょう。**少しでも不安や迷いが生じたら、前述した不安対策を試してみてください。きっと効果を感じられるはずです。

あなたには、まだ十分な時間があります。

受験でも資格試験でも、大切なのは自分を信じて最後まで続けることです。そのためには、不安と上手に向き合うことです。

不安対策を取り入れながら、焦らずあきらめずに、一歩ずつ合格に近づいていきましょう。

さて、ここからは私の不合格体験についてお話しします。

不合格体験なんて、聞きたくないかもしれませんが、私のような人間を出さないためにも、あえてお話しします。

独学だけでは勉強法を改善できない

私は高校受験と大学受験の両方で失敗しました。

高校受験では第1志望校に偏差値が届かず、第2志望校に下げても不合格。結局、併願で受かった私立高校に進学しました。

大学受験では、私立4校と国立1校を受けましたが、4校で不合格。結果的に受験した中で一番偏差値の低い私立大学に入学しました。

私の受験はまったく希望通りにはいかず、不合格ばかりでした。

当時は本当に勉強ができない人間でしたが、大学に入り塾講師を始めてから、勉強法を根本から見直し、10年以上にわたって改良を重ねてきました。

塾講師として指導を続けるうちに、今では偏差値78の高校の入試問題がスラスラ解けるほどに成長しました。

私が教える塾でも、ほとんどの生徒が偏差値70を超えています。

しかし、受験生時代の私の勉強法は本当にひどいものでした。

戦略も立てずに参考書をやみくもに買い集めては、少しやってすぐにやめてしまう。

誰にも相談せず、独学だけで何とかしようとしていました。

今思えば、それでは成績が伸びるはずがありません。

成績が伸びなかった最大の原因は、独学で勉強を続け、自分のやり方が正しいかどうかを誰にも確認しなかったことです。

勉強は、ただ量をこなすだけでは伸びません。

特に**受験勉強では「何を優先して学ぶか」「どの部分を徹底的に固めるか」といった戦略が必要**です。

しかし、独学ではその戦略が正しいかどうか、自分で判断するのは難しいものです。

実際、私は誰にも頼らずに自分で勉強を進めていましたが、その結果は散々なものでした。

もっと早く誰かに相談していれば、もっと効率よく勉強できたはずです。

特に、勉強が得意な人やプロの先生の意見を取り入れることで、自分の勉強法を改善できたでしょう。


では、「昔の自分」と「今の自分」では何が違うのか？

「勉強の考え方」を変えたことです。


今では、効果のない勉強は一切せず、成果に直結する勉強しかしていません。

「本当に伸びる勉強法」とは何か？　それを追求し続けて、今の私があります。

本書には、その勉強法のエッセンスが詰まっています。

もちろん、過去の不合格や失敗には後悔もあります。しかし、その経験があったからこそ、現在、多くの生徒の成績や偏差値を上げられているのです。

≫悩んだときは誰かに相談する

過去の不合格から学んだ一番大きな教訓――それは**「1人で勉強しないこと」**です。

合格に直結する心構え

最後まで全力を尽くす

受験は最後まで
全力を尽くすのが大切。
試験前に気を緩めると、
不合格のリスクが高まる。

成功するための持久力「根性論 2.0」

「根性論 2.0」とは、
成功するための
長期的な持久力のこと。
この根性によって
勉強の成果が積み重なり、
合格につながる。

悩んだら相談する

成績が伸び悩んだら、
誰かに相談しよう。
周りの人にアドバイスを
求めることで、
自分の勉強法が
正しいかどうかを
確認できる。

私は、誰にも頼らず独学で勉強を進めた結果、成績が伸びませんでした。

成績が伸び悩んでいるときこそ、誰かに相談すべきです。周りの人にアドバイスを求めることで、自分の勉強法が正しいかどうかを確認できます。

よほど優秀な人以外、受験勉強は1人で戦うものではありません。

家族や友人、先生など、周りにはサポートしてくれる人たちがたくさんいます。

つらいときや苦しいときは、遠慮せずに相談してください。

自分だけで抱え込まず、もっと周りを頼りましょう。


ただ、一人暮らしなどで周りに家族や友人がいない方もいるかもしれません。

その場合でも、今は**SNSやオンラインコミュニティを活用する**という手があります。

Xや勉強用のSNSグループでは、同じ受験生や勉強法の情報を共有している人たちとつながることができます。

また、オンラインで受験のプロにアドバイスを求めたり、悩みを相談したりすることも可能です。1人で抱え込まず、こうしたツールを活用して、誰かとつながりながら勉強することはとても大切です。

私もオンラインで、小学生から社会人の方まで100人以上が集まる「オンラインコミュニティ塾」を運営し、たくさんの生徒を直接指導しています。ご興味がある方は、私の公式ＬＩＮＥ『塾講師ヒラ』（ＩＤ検索　@179aadun）に登録し、塾の案内をお待ちいただければと思います。

受験勉強は、人生で数回しかない大切な挑戦です。できる限り周りの人と協力して、最高の準備を整えましょう。
それが、後悔のない受験勉強の秘訣だと思います。

ポイントと宿題
Points & Homework

- 合格に向けて最後まで全力で「準備」する
- 「根性」を鍛えて持久力を身につける
- 1人で勉強せずに、悩んだら相談する

Study Method

勉強の考え方

考え方を変えれば勉強は必ず成功する

勉強は考え方がすべて

まずは、ここまで本書を読んでいただき、心から感謝します。

数ある勉強法の本の中から、本書を選び、最後まで読破されたあなたとは、まさに「何かの縁」があったのだと思います。

この縁を大切にし、最後に、あなたに伝えたいことがあります。

それは、**「勉強は考え方がすべて」**だということです。

本書を通して、目標設定、環境づくり、メンタルケア、具体的な勉強法など、さまざまな側面から勉強に取り組む方法を解説してきました。

しかし、ここで最も大切なのは、すべての方法や技術が「考え方」から始まるという点です。

どんなに素晴らしい勉強法を知っていても、それをどう活かすかは、あなたの「考え方」次第なのです。

「勉強」とは「強く生きる力」を学ぶこと

「勉強」という言葉の由来をご存じですか?

本来、「勉強」は「勉《つと》めて強《し》いる」と書き、何かを無理やりやらされるというネガティブな意味でした。

江戸時代では、商売人が「勉強します」という言葉を「値引きします」「無理して安くします」という意味で使っていたそうです。

しかし、今では**「自ら進んで学び、努力する」という、前向きでポジティブな意味**へと変わっています。

さらに、「勉」という字を分解してみましょう。

「勉」は「免」と「力」から成り立ちます。

「免」は一般的には「免《まぬが》れる」と読みますが、実は「免《う》む」とも読めます。

これを踏まえて**「勉強」を解釈すると、「力を免む（生む）」、つまり「強い力を生み出す」という意味**になります。

勉強とは、「自分を鍛え、成長させ、強く生きるための力を学ぶ」ということなのです。

どうでしょうか？

「勉強」という言葉の捉え方が変わったのではないでしょうか？

もともとネガティブに感じられる「勉強」も、考え方次第で「ポジティブな言葉」に変わるのです。

このように、言葉は捉え方次第で大きく意味が変わります。

これが「考え方」の力です。

「勉強」を「誰かから勉めて強いられるから最悪だ」ではなく、「自分から勉めて強いるから最高だ」と捉えてみましょう。


ネガティブをポジティブに捉える視点。

マイナスをプラスに変える思考。

考え方次第で勉強の捉え方を180度変えられるのです。

考え方が変われば、人生が変わる

これまでお話ししてきたように、目標を立てたり、環境を整えたりすることは重要です。

しかし、それを「どう考えるか」が、あなたの勉強を左右します。

例えば、計画がうまくいかないときに、ただやみくもにがんばるのではなく、「どうすればもっと効率よく進められるか？」と見直してみる（第1章）。

集中力が続かないと感じたら、環境や習慣の考え方を変え、改善点を検討してみる（第

2章、第3章)。

問題集や暗記に取り組む際も、「なぜこれをするのか?」「どうすれば成果につながるのか?」と考えながら行う(第4章・第5章)。

勉強はただの作業ではありません。

自分を変え、人生を変えるためのツールです。

そして、その効果を最大化するには、勉強に対する「考え方」を変える必要があります。

ここまで本書を読み進めてきたあなたは、すでにその力を身につけています。

なぜなら、本書を読み切るという行動を通じて、あなたは「考え方」を変えてきたからです。

考え方が変わることで、勉強はもっと楽しく、効果的なものになるでしょう。

あなたには、その素質があります。

勉強に対する考え方を変えれば、あなたが望む未来が手に入り、人生が大きく変わります。

あなたなら、きっとできます。

「考え方が変われば、人生が変わる」

勉強でこの変化を実現してください。

ポイントと宿題

Points & Homework

- 「勉強」をネガティブではなくポジティブに捉える
- 勉強の「考え方」を変えて、行動を変える
- 勉強で自分が望む未来と人生を手に入れる

おわりに

「どうしたら、この子たちの勉強人生を変えられるのか？」

日々、塾講師として生徒を指導する中で、寝ても覚めても考え続けている問いです。
おそらく私が塾講師である限り、この問いの答えを一生求め続けるでしょう。

なぜ、こんなことをずっと問い続けているのか？
楽しいからです。
生徒たちと一緒に本気で勉強することが、私にとって最高に楽しいのです。

お互いが結果を求め、勉強する。
生徒がサボれば、喝を入れる。
そして結果が出れば、思いっきり喜び合う。

勉強は、決して単調な作業ではありません。
時には予想もしないことが起こり、壁にぶつかることもあります。
そんな不確実な未来に対して、今日も明日も明後日も、勉強し続ける。
良い結果が出るときもあれば、出ないときもある。

でも、それでいいのです。
大切なのは、結果と本気で向き合って考える。
改善策を講じて、また前に進む。
この繰り返しが、勉強を楽しくさせるのです。

このように、本気で勉強すれば楽しいのです。
毎日、こんなことができている私は幸せです。

そして、あなたに本書を読んでいただけて幸せです。

本書を通して、あなたの勉強に対する考え方や行動が変わり、結果につながれば、これほどうれしいことはありません。

勉強は本気でするもの。
勉強は楽しむもの。

これが、私が最後に伝えたい考え方です。

勉強は、考え方がすべてです。

塾講師ヒラ

●著者プロフィール
塾講師ヒラ（じゅくこうしヒラ）
授業オタクの現役塾講師。これまで約1000人の生徒を直接指導し、YouTubeをメインとしたSNS発信を行い、10年以上にわたって活躍している。情熱的かつ本質的な指導には定評があり、生徒の成績や偏差値を爆発的に向上させる実践的な勉強法を編み出した。誰もが偏差値70を超えられる勉強法が注目を集め、運営するYouTubeチャンネル『塾講師ヒラ』は登録者数20万人を突破。著書に『勉強は考え方がすべて　勉強人生を劇的に変える13の考え方』（Kindle版 Amazon）、『勉強嫌いでもドハマリする勉強麻薬』（フォレスト出版）がある。

勉強も人生も成功する **考え方こそ最強の勉強法**

2024年12月5日　第1刷発行

著　者　　**塾講師ヒラ**

発行者　　岩尾悟志
発行所　　株式会社かや書房
〒162-0805
東京都新宿区矢来町113　神楽坂升本ビル3F
電話　03-5225-3732（営業部）

装　丁　　吉原大二郎（有限会社グラフィカ）
イラスト　タナカクミ
編　集　　末永考弘

印刷・製本　中央精版印刷株式会社

本書は、『勉強は考え方がすべて 勉強人生を劇的に変える13の考え方』（Kindle版 Amazon）を単行本化にあたり加筆・改筆・再編集のうえ、改題したものです。

Printed in Japan
ISBN978-4-910364-58-2 C0030